살아내고 살려내고

사이-공동체로 사는 법

살아내고 살려내고

사이-공동체로 사는 법

백소영

대한기독교서회

살아내고 살려내고: 사이-공동체로 사는 법

2021년 10월 10일 초판 1쇄

지은이 백소영
펴낸이 서진한
펴낸곳 대한기독교서회

등록 1867년 8월 26일 제1967-000002호
주소 서울시 강남구 테헤란로103길 14(삼성동)
전화 출판국 (02)553-0873~4, 영업국 (02)553-3343
팩스 출판국 (02)3453-1639, 영업국 (02)555-7721
e-mail editor@clsk.org
http://www.clsk.org
facebook.com/clskbooks
instagram.com/clsk1890

책번호 2323
ISBN 978-89-511-2069-5 93230

The Christian Literature Society of Korea, Seoul
Printed in Korea

* 책값은 뒤표지에 있습니다.

머리말

아주 어릴 적부터 잠자리에 들 때면 빠짐없이 드리던 마무리 기도가 있었다. "하나님, 내일 아침에는 제가 눈을 뜨지 않으면 좋겠습니다. 예수님의 이름으로 기도드립니다. 아멘." 기도는 꼭 '예수님의 이름으로' 드리는 것이라 배워서 그 이름을 잊지 않고 또박또박 정성을 들였다. 초등학교에 들어가기 전부터였으니, 도대체 몇 살부터 이런 기도를 드린 건지 정확히 기억이 나진 않는다. 하, 조숙했던 걸까, 잔망스러웠던 걸까? 돌아보면 특별히 억압적인 가정 분위기도 아니었다. 목회자 가정이었으니 다른 집보다는 엄격하고 의무도 많았지만, 나중에 다른 PK(Pastor's Kids: 목사 자녀들)의 성장 과정 이야기를 들어보니, 난 꽤 행복한 어린 시절을 보낸 편이었다. 부모님은 가정적이고 민주적이셨으며, 무엇보다 딸이라고 해서 나를 부당하게 대우하신 적이 없었다.

그럼 내가 문제였나? 글쎄, 매사 '남다르게' 보고 느낀 것은 맞는 듯하다. 아, 여기서 '남다름'은 우열의 가치판단이 아니다. 다른 사람들도 겪는 일에 대한 나의 반응 양식이 좀 유별났다고 해야 하나. 예를 들면, 난 유난히 불안감이 컸다. 뭐든 준비가 되어 있지 않은 채로 상황을 마주하는 것이 싫었다. 다섯 살 무렵엔 한글을 모르고 초등학교에 갈까 봐 그게 두려웠다. 하여 어머니께 한글을 가르쳐달라고 했다. "미리 배우고 가면 흥미를 잃는단다. 나중에 학교 들어가서 배워도 늦지 않아." 우리 친

엄마가 맞는 걸까? 별게 다 의심스러워서 난 아버지의 서재에서 빈 종이와 연필을 들고 무작정 길을 나섰다. 눈에 보이는 간판은 모두 그렸다. 읽을 수 없으니 모양을 따라 그리는 수밖에. 그리고 지나가는 사람들에게 그린 간판 글자를 일일이 물어가며 한글을 뗐다. 하여 내가 제일 빨리 읽을 수 있게 된 글자는 '상'자와 '회'자이다. 대부분 ㅇㅇ상회라는 간판이 많았기 때문이다.

"자랑, 맞는데요?" 행여 그리 생각할까 싶어 다른 예를 들어본다. 강원도 원주에서 부목사 생활을 오래 하신 아버지는 당시 서울에 있는 신학대학원에 다니셨는데, 일주일에 이틀 정도는 기차를 타고 서울로 향하셨다. 나 말고도 2년 터울로 있는 남동생 둘을 돌봐야 하는 버거운 아내 손을 돕고 싶으셨던 걸까? 유치원에 다니던 나는 종종 아버지 손에 이끌려 서울에 갔다. 그런데 버스를 타든, 택시를 타든, 길을 걷든, 친척 집에 맡겨지든 나는 내 동선을 모두 다 그리고 적었다. 가는 길은 물론 차 등록번호판도 적고, 기사 운전면허증 고유번호까지 적었다. 보통은 조용히 적었기 때문에 들키지 않았지만, 가끔 내가 뭔가를 꼼꼼하게 적는 모습을 발견한 어른들이 묻곤 했다. "그건 적어서 뭐하려고 그러니?" 나의 대답은 항상 같았다. "혹시 몰라서요." 정말 혹시 몰라서 낯선 건물에 들어갈 때면 비상구부터 확인하고, 혹시 몰라서 비상금을 챙겨 지갑

이랑 주머니, 신발창에까지 넣어놓고 나서야 길을 나서고, 혹시 몰라서 버스를 탈 때면 비상 망치가 걸린 창 옆에 섰다. 성격이 이렇다 보니 내 가방은 일본 만화 주인공인 도라에몽의 앞주머니 같았다. 도대체 안 들어 있는 것이 뭐냐고, 내 가방 속을 궁금해한 친구들이 많다. 어려서 잠깐 그러던 것도 아니다. 아이를 키우면서 들고 다닌 기저귀 가방은 그대로 들고 아이와 피난을 가도 서너 달은 버틸 만큼 생필품으로 가득했다.

그러니 사는 게 얼마나 힘들었겠나! 그래도 철저한 준비 정신 덕분에 살면서 마주한 상황들은 견딜 만했다. 학교 선생님들을 비롯하여 어른들은 내가 '남다른' 성취동기를 가지고 있다고 칭찬하셨지만, 그건 결과만 보고 평가한 것이다. 나를 움직인 건 명예욕도, 물욕도, 권력욕도 아니었다. 그냥 오늘보다 더 불안한 내일을 살아내야 하는 것이 '죽기보다' 싫었다. 이쯤 되면 나의 천성이 아니라 불안한 환경을 제공한 부모님께 비난의 화살이 돌아갈지도 모르겠다. 대한민국 육아 상담 대표 전문가인 오은영 박사님이 50년 전쯤으로 돌아가 내 상황을 보신다면, 그 큰 눈을 진지하게 뜨면서 부모님께 뭐라 한 말씀 하실 수도 있겠다. 맞다. 일정 부분은 부모님 탓이다. 그분들의 육아 방식이 잘못되었기 때문이 아니라, 그분들의 신앙 원칙과 나의 성품이 만나 만들어낸 일종의 '비극'이었다.

"여호와 이레!" 여호와께서 준비하신다는데, 어린 내 눈에는 보이는 것이 없었다. 집도 우리 집이 아니었다. 목사관은 언제든 훌훌 떠나야 하는 곳이란다. 예금이 없는 것은 분명했다. 헌금 절기가 되면 가끔 어머니는 코 묻은 내 통장의 잔액마저 넌지시 물어보셨으니까. 혹시 지금은 이리 대책 없어 보여도 어딘가 만약을 대비해서 숨겨놓은 '준비'라도 있지 않을까? 그런 생각도 해보았다. 그런데 아버지 서재에 한자로 적혀 걸려 있는 가훈 뜻을 풀어보니 이랬다. "여호와는 나의 기업이시니 내가 그를 바라리라."(애 3:24) 아니, 어쩌자고 내가 받을 유산은 '여호와'뿐인가! 다른 건 줄 게 없다는 말을 어찌 저리 당당하게 하시나? 내 앞길이 불확실하고 불안할 때마다 어머니께서 들려주시던 욥기 23장 10절은 내 마음을 더욱 심난하게 했다. "나의 가는 길을 오직 그가 아시나니 그가 나를 단련하신 후에는 내가 정금 같이 나오리라."

그래서 나는 준비되지 않은 채 내 앞에 자꾸 벌어지는 삶이 참으로 부담스러웠다. 아침이 오는 것이 너무나 싫었다. 사는 것도 싫었다. 그런데 아이러니하게도 일단 아침에 눈을 뜨고 '오늘'이 주어지면 열심히 살았다. 혹시 내일도 또 살게 될까 봐, 오늘 설렁설렁 살았다가 뒷감당이 안 되는 내일이 펼쳐지면 어쩌나 싶어서 늘 '오늘만' 열심히 살아냈다. 하나님께서 거룩한 숨을 불어넣어 부여하신 생명이니 내가 어찌할 생각은 감히 해보지도 못하고, 나는 하루씩 살아내는 일을 큰 부담으로 여기며 숙제처럼 꾸역꾸역 살았다.

그런데 언젠가부터 어린 시절 하루도 거르지 않던 그 기도가 멈추었다는 걸 깨달았다. 사는 일은 지금도 만만하지 않은데, 무엇이 달라졌을까? 전문가가 되어서? 글쎄, 평생 고용이라는 조건이 사라진 지 오래인 후기-근대사회에서 나는 독박육아를 10년 이상 감당한 후 직업 현장으로 늦게 진입한 경력 단절 인력이라 직급이나 벌이는 여전히 '만나' 같은 상황이다. 오십이 넘었는데 아직 내 집도 없다. 동갑내기 남편 탓을 하기엔 그 역시 무한경쟁의 어려운 시절을 힘겹게 통과하느라 제 한 몸 감당하기도 버거운 영혼이다. 지금은 군대에 가 있는 아들이 나의 노후를 보장해줄 것이란 기대를 한다면 그건 망상을 넘어 폭력이다. 도대체 요즘 같은 시절에 대한민국 땅에 두 발로 서서 제 삶을 겨우겨우 버티며 살아내는 젊은이들의 어깨에 어찌 부모의 무게까지 얹겠냐!

그럼 나는 무얼 믿어서, 어떤 준비가 되어 있어서 내일이 오는 것을 더는 두려워하지 않게 되었는지…. "부모님의 하나님을 드디어 인격적으로 만나고 믿게 되었기 때문이군요!" 물론 살면서 내가 존재의 힘을 얻게 된 데에는 신앙이 가장 근본적이었다. 하지만 그조차 내 기도를 바꾸지는 못했다. 오히려 존재의 기반이시고 내가 돌아갈 곳이 여호와임을 확신했기에 어서 돌아가고 싶은 마음만 더 굴뚝같았다. 그럼 언제부터였지? 언제부터 그 기도를 멈추었지? 제일 처음은 '일시적 멈춤'이었다. 너무나 작고 여린 내 아이의 생명이 오롯이 나에게 맡겨진 1999년의 어느 가을날, 나는 그 기도를 할 수 없었다. "아, 하나님! 당분간은 살아야겠습니다. 살아내야 하겠습니다. 이 아이를 살려내야 하거든요."

그런데 '살아내다' 보니 자꾸 '살려내야' 하는 관계가 늘어났다. 하여 그 기도를 멈춘 유예의 시간이 점차 늘어나고 길어졌다. "그래도 살아요! 우리 함께! 임마누엘의 하나님이 우리와 동행하시고, 우리가 서로 곁을 지키며 마주보고 있으니 함께 살아내요!" 신자유주의의 고용유연성 시스템 아래서 특별히 잘못한 것 없이도 '유연하게' 고용 상태를 반복적으로 빼앗기는 남편에게도, 부모의 지지나 미래의 보장은커녕 당장 오늘 하루의 일용할 양식도 준비가 안 되어 밥 먹듯 굶는다는 학생들에게도, 끼니로든 지식으로든 살려내려 애쓰다 보니 어느덧 내 오랜 기도가 멈춰 있었다.

아, 그래서 하나님께서는 사람을 '사이-존재'로 지으셨구나! 신기하게도 자꾸 '살려내다' 보니 어느덧 내가 '살아내고' 있었다. 비로소 성경 속 인물들의 만만치 않은 삶도 그러했으리라는 깨달음이 생겼다. 하여 처음부터 통독하는 마음으로 성경을 다시 읽었다. 어린 시절 경외감으로 읽던 것도 의미 있었고, 학창 시절 온갖 질문과 의심을 담아 분석하던 과정도 의미 있었고, 학자가 되어 내 전공의 시선으로 해석하던 경험도 의미가 있었다. 그런데 이번엔 또 다른 의미를 찾아 성경을 읽었다. 나로 살아내고 너를 살려내기 위해, 우리가 '함께' 가져야 할 유산을 성경 속에서 찾고 싶었다. 그래서 이번엔 '공동체적 시선'에서 성경 읽기를 시도했다. 가진 거라고는 여호와밖에 없던 백성 이스라엘, 그들이 왜 길을 나섰는지, 왜 끝내 실패했는지, 그 공동체적 비전의 기독교 버전인 교회는 어찌 또 새로운 꿈을 꾸었는지….

온통 '나 홀로!'를 외치는 세상 한복판에서 '자기희생'을 무조건적 가치로 가르치지만 정작 제 살길만 열심인 오늘의 교회를 보며, 같이 살아내기 위한 존재의 힘을 얻기 위해 우리의 경전을 함께 읽어보자고 초청한다. 그래서 이 책은, 한 신학자의 확고한 답이라기보다는 꾸역꾸역 살아내다 비로소 살려내는 법을 배우기 시작한 한 신앙인의 초대장이다. 죽음과 죽임이 가득한 이 땅에서 살아내고 살려내는 답을 함께 찾아보자는.

함께 영글어가는 푸릇한 밤송이들을 바라보며
2021년 가을에
백소영

차례

III. 신약 공동체의 신앙고백

IV. 오늘, 여기에서 다시 교회로 살기

01 성경聖經, 공동체적 신앙고백으로 읽기

02 '경經줄'을 잡은 사람들의 하나님 이해

03 개인이 받은 계시, 공동체적 해석의 기준

04 토라, 약자들의 공존과 연대를 기억하라

I

성경, 사이-공동체의 신앙고백

01

성경聖經,
공동체적 신앙고백으로 읽기

경건한 마음으로 머리를 숙인 신자들, 고요한 찬송과 종소리…. 송구영신예배를 드리는 교회의 풍경은 언제나 거룩하고 아름답다. 그런데 지난해엔 코로나19로 송구영신예배를 드리는 것이 불가능했다. 대면예배를 드리지 못해 속상하고 안타깝긴 했지만, 한편으로는 평소 익숙하던 송구영신예배 장면을 찬찬히 되짚어보는 계기가 되었다. 그러다가 꽤 오랫동안 내 마음을 불편하게 하던 기억 하나가 불쑥 떠올랐다. 바로 올해의 성구 뽑기!

"사랑하는 자여 네 영혼이 잘됨 같이 네가 범사에 잘되고 강건하기를 내가 간구하노라." 두근두근 뽑은 성구를 들고 자리로 돌아와 떨리는 마음으로 펴보니 요한삼서 1장 2절 말씀이다. 이 구절을 손에 들면 희망차게 새해를 맞이할 힘이 날 것이다. 만약 결정을 내리지 못하고 갈등하고 있는 일이 있다면 과감하게 시도해볼 용기도 얻을지 모른다. "사람이 등불을 켜서 말 아래에 두지 아니하고 등경 위에 두나니 이러므로 집 안 모든 사람에게 비치느니라." 대학입시나 입사 시험을 본 자녀 때문에 마음 졸이는 권사님이 마태복음 5장 15절을 뽑으신다면, 필시 '아멘' 하며 기뻐하시리라. '아, 합격이다. 이제 내 아이는 세상에서 높이 들리고 모든 사람에게 영광을 받겠구나.' 그리 확신하실 것이다. "이삭이 거기서 옮겨 다른 우물을 팠더니 그들이 다투지 아니하였으므로 그 이름을 르호봇이라 하여 이르되 이제는 여호와께서 우리를 위하여 넓게 하셨으니 이 땅에서 우리가 번성하리로다 하였더라." 창세기 26장 22절 말씀을 뽑은 장로님은 사업장 이전을 두고 고민하던 문제의 확답을 받는다. 새 부지로 이사 가면 번성하리로다.

감사헌금을 드리고 곧이어 성구를 뽑는 신자들의 마음이 물론 '복채를 내고 행운을 뽑는' 심정은 아닐 것이다. 상기했듯이, 개인의 절실함과 맞닿는 기가 막힌 성구들이 신자들에게 살아갈 의미를 주는 것이 사실이다. 더구나 비성경적인 것 같지도 않다. '제비뽑기'는 성경에도 등장한다. '뽑기'는 그야말로 '운'이기에 고대로부터 '하늘의 뜻'을 받는 방법으로 간주되어 왔다. 신앙의 사람들이 자신의 운을 하나님께 전적으로 맡기는 것이 무슨 잘못인가. 그런데 그 모습을 볼 때마다 어쩐지 마음 한구석이 불편해지는 나는 왜 그럴까? 내 심보가 못된 것일까, 아니면 경건함이 부족한 것일까?

곰곰이 생각한 뒤에 그저 막연하던 나의 부정적 감정을 설명할 수 있는 답을 얻었다. 물론 신앙은 개인적 절실함과 떼어놓을 수 없다. 그 사이에는 긴밀함이 있다. 인간이 가진 불안정성과 불확실성을 극복하는 힘을 얻기 위해 초월이요 완전이신 하나님께 기대는 것이니까. 그러니 이런 풍경을 두고 정색하며 비난만 하는 것은 옳지 않다. 그러나 수천 년 전 특정한 맥락과 구체적 공동체의 신앙고백을 무시한 채, 앞뒤 자르고

한 절만 똑 떼어내어 개인적 길흉화복의 징표로 삼는 것은 위험한 일이다. 정작 본문이 전하고자 하는 방향이나 내용과는 전혀 다른 방식으로 메시지를 개인화할 가능성이 크기 때문이다.

개인적 성경 읽기의
개신교적 기원

유난히 개신교 신자들 가운데 개인화된 성경 읽기가 빈번한 것은 나름의 까닭이 있다. 근대는 '주체의 발견'과 함께 왔다. 이전의 전통사회에서도 '주체'에 해당하는 사람들이 있었지만, 그 수나 계층이 소수로 제한된 신분제사회였다. 왕과 귀족, 제사장만이 '주체'였고, 이들이 만들어낸 텍스트와 규율이 소위 공동체의 규범이 되고 윤리가 되었다. 이유는 간단하다. 그래야 지배자들의 통치권이 유지될 수 있었을 테니까. 그런데 "만인이 하나님 앞에 왕 같은 제사장"이라니! 중세가 저물 무렵 울려 퍼진 루터의 선포는 평신도 개개인이 하나님 앞에 주체로 서는 정당성을 부여했다. 사실 루터는 중세 가톨릭 사제들의 반(反)성경적 행태를 보며 교회 개혁을 위하여 평신도 귀족들에게 성경에 근거한 정당성을 주고자 했다. 사제만 교회 개혁의 주체인 것은 아니라고 말이다. 그러나 '만인'이라고 하지 않았나. 결국 그의 '만인제사장' 개념은 인간 루터의 제한된 이해를 넘어 농노도, 여성도, 흑인도 하나님 앞에 단독자로 서서 성경을 읽고 이를 통해 자신의 삶을 해석하고 적용하는 기폭제가 되었다.

라틴어 성경인 불가타만을 공식 텍스트로 제한하고 오직 사제들만 접근성을 가지던 중세와 달리, 개신교도들은 자국어로 된 성경을 읽고 영성 가득한 일기를 쓰며 하루를 성찰하는, 그야말로 신앙의 주체, 삶의 주체로 우뚝 섰다. 그랬기에 최초의 근대인 중에는 개신교도가 유독 많았다. 즉 개인적 성경 묵상은 개신교의 오랜 전통이다. 그 이전에 혼자서 성경을 묵상한 이들이 어찌 없었겠느냐마는, 어떤 제도적 권위보다 성경 자체의 메시지와 이를 읽어내는 평신도 주체가 강조되고 권장된 것은 역시 "오직 성경으로!"(sola scriptura)를 외친 종교개혁 이후의 일이다. 물론 성경을 홀로 조용히 읽고 묵상하는 것이 잘못되었다는 것은 아니다. 다만 혼자 읽고 스스로 적용하는 사례가 많다 보니 이를 신자 자신의 개별 상황에 끼워 맞추는 방식의 성경 읽기와 묵상이 만연해졌다는 말이다.

더구나 근현대적 인간은 철저히 '개인' 단위로 평가된다. 비록 핵가족이나 교회 공동체와 같은 인정집단이 있기는 하지만, 공적 세계에서의 삶은 철저히 단독자로 살아내야 한다. 가문(家門)의 휘장이 통치하던 시절이 사라졌다는 것은 기회균등과 정의, 평등의 세상이 도래했음을 뜻하는 것이다. 그러나 이는 동시에 그 어떤 개인도 공동체에 속했다는 자체로 안정과 지위가 보장되지 않음을 의미한다. 이러한 까닭에 근현대적 개신교도들이 갖게 된 것은 "전대미문의 내적 고립감"이었다.[1] 일의 성공도, 구원의 확신도 오직 개인의 문제가 되어버린 것이다. 존재론적으로야 창조 이래 인간 본성이 크게 달라지지 않았을 텐데, 유난히 불안, 고

1 "전대미문의 내적 고립감"이란 독일의 종교사회학자 막스 베버(Max Weber)가 자신의 대표적 저서 『프로테스탄티즘의 윤리와 자본주의 정신』(박성수 옮김, 서울: 문예출판사, 2006, 80)에서 금욕주의적 칼뱅주의 개신교도들의 공통된 교리적 감정을 설명하면서 사용한 용어이다. 이는 제도로서 가톨릭교회가 확증하는 면벌부나 고해성사 등의 종교의례를 통해 제공하는 구원, 죄 사함의 공동체적 안정성이 상실된 개신교도들의 신앙적 고립 상황을 뜻한다.

독, 삶의 의미 등의 단어를 곱씹으며 실존주의적 철학 사상이 부각하게 된 배경에는 근현대인들의 단독자적 고단함과 외로움이 있다. 그러니 고독한 삶의 투쟁 한가운데서 붙잡는 성경구절은 더욱 간절했을 것이다. 또한 유난히 마음에 콕 박히고 눈에 들어오는 성경구절은 모두 번영과 성공을 약속하는 구절들일 수밖에.

사적 인물들의 삶이 전하는 공동체적 메시지는?

그러나 이해가 간다고 하여 그대로 가하다는 것은 아니다. 공동체적 나눔이나 소통 없이 혼자 읽고 혼자 적용하는 개인적 성경 묵상은 두 가지 면에서 위험할 수 있다. 첫째, 성경에 담긴 이야기 자체가 이미 이스라엘의 역사가, 학자, 제사장들이 기도 가운데 선별하고 공동체적 메시지를 위해 '의도성'을 가지고 편집한 본문이기 때문이다. 즉 성경의 집필 목적은 처음부터 개인을 향한 적용이라기보다는 신앙 공동체를 향한 교훈이었다는 말이다. 둘째, 아무리 고매한 영성가나 깊은 학식을 가진 학자라고 해도 성경 본문을 온전히, 그리고 완전히 이해하고 해독하는 인간은 없다는 사실이다. 사람은 서로의 묵상을 나누어야 하나님의 뜻을 더 깊이 깨달을 수 있고 계시의 원의미에 가깝게 다가갈 수 있다.

그렇기 때문에 성경을 읽을 때는 '공동체적 의도성'의 측면을 살펴보아야 한다. 아브라함 가족의 방랑기는 왜 그리 구구절절 기록되었을까? 특정 가족을 향한 선택과 축복이 개별 민족과 국가의 경계를 넘어 우리에게도 여전히 의미가 있다면, 그건 왜일까? 딸을 잃고 통탄하는 입다의 이야기는 개인의 선부름과 욕심이 빚어낸 비극인데, 이 이야기를 공동체의 유산으로 선택하고 포함시킨 까닭은 무엇일까? 늘어지게 낮잠을 자고 왕궁 옥상에 올라갔다가 엄한 장면을 보고 실족한 다윗의 '사적' 이야기를 왜 수천 년 뒤의 우리까지 낱낱이 알아야 하는 것일까? 조상 중 가장 위대한 인물이라고 평가하는 다윗의 치부를 기록함으로써 이스라엘 공동체는 무엇을 말하고자 한 것일까?

일례로 사사 입다에 대해 기록한 본문을 공동체적 시각에서 읽어본다. 입다는 초기 이스라엘 공동체의 사사였다. 사사는 당시 주변 국가들의 수장인 왕과는 다른 지도자였다. 세습으로 이어지는 혈통적 지도자도 아니요, 상비군이나 제도적 권력을 독점하는 자도 아니었다. 오직 여호와의 영이 그와 동행하심으로 얻게 된 특별한 카리스마로 이스라엘 공동체를 긴박한 위기 상황에서 구해내는 존재였다. 그럼에도 사사는 '공적(公的) 지도자'이다. 그렇다면 공동체와 관계된 그의 공적 기록으로 충분하다. 입다가 여호와의 이름으로 암몬 족속과 싸워 크게 이기고 공동체를 구원했다는 이야기만 담으면 된다는 말이다. 그런데 사사기 기록자들은 자신들의 초기 역사를 다루는 이 귀한 본문에서 굳이 입다의 사적 배경이나 울분, 그의 개인적 의도 등을 상세하게 기록한다. 아니, 오히려 이스라엘 공동체의 전승자에게는 전장에서 승승장구하는 모습보다 이것이 더 중요해 보인다.

> 길르앗 사람 입다는 큰 용사였으니 기생이 길르앗에게서 낳은 아들이었고 길르앗의 아내도 그의 아들들을 낳았더라 그 아내의 아들들이 자라매 입다를 쫓아내며 그에게 이르되 너는 다른 여인의 자식이니 우리 아버지의 집에서 기업을 잇지 못하리라 한지라 이에 입다가

그의 형제들을 피하여 돕 땅에 거주하매 잡류가 그에게로 모여 와서 그와 함께 출입하였더라(삿 11:1-3)

첩의 아들로 구박받으며 자라다가 결국 자신의 공동체에서 쫓겨난 인물, 형제들을 피해 돕 땅에 거주하며 엇비슷한 무리와 모여 계약 용병 생활로 생계를 이어가던 입다였으니 그 울분이 오죽했으랴.

그러다 암몬 족속에게 괴롭힘을 받던 길르앗의 장로들이 급한 마음에 힘깨나 쓰는 입다에게 도움을 청하면서 상황은 급변한다. 흥미로운 것은 다른 사사들의 경우 여호와의 직접 계시가 임하는 내용이 강조되는 반면, 입다의 이야기에는 장로들과 입다의 계약 조건이 먼저 등장한다는 것이다. "만일 여호와께서 그들을 내게 넘겨주시면 내가 과연 너희의 머리가 되겠느냐."(9절) 어쩌면 '여호와의 영이 입다에게 임하는' 내용(29절)은 역사적 사실과는 거리가 멀지도 모른다. 설마 여호와의 영이 제대로 임한 자가 "승전을 주시면 나를 환영하는 첫 생명을 제물로 바치겠나이다" 그리 서원했겠는가. 필시 입다도 그 '첫 생명'이 개나 소와 같은 동물이라고는 생각하지 않았을 것이다. 주인의 승전보에 마치 자기 일처럼 신나서 발빠르고 충직하게 달려나오는 종의 생명일 수도 있다. 하지만 종은 사람이 아닌가? 그도 귀한 생명이거늘, 어찌 그런 서원을 할까! 살리시고 구하시고 건져내시는 하나님을 제대로 아는 사람이 어찌 그런 마음이 들까!

가나안 사람들과 섞여 살면서 어떤 것이 여호와의 뜻이며 기뻐하시는 일인지를 구체적 사건을 통해 하나씩 배워나가던 초기 이스라엘 공동체 생활에서 입다의 서원 사건과 이로 인한 비극은 이스라엘 사람들에게 큰 교훈을 주었을 것이다. 여호와의 이름으로 싸우면서도 승전을 위해 인

신제의를 드리던 이방의 종교 제의를 선택한 입다, 그는 온전히 여호와의 마음을 받아 그분의 백성이 자유를 빼앗기고 목숨을 위협당하는 상황을 안타깝고 분히 여겨 그들을 '구원'하고자 열망하는 사사가 아니었다. 이 전쟁에서 반드시 수훈을 세워 정실부인의 아들들에게 군림하고자 하는 사적(私的) 동기가 더 컸다. 어쩌면 입다에게는 그것이 전부였는지도 모른다.

이 이야기의 핵심은 입다의 딸이 과연 번제물로 드려졌느냐, 아니면 평생 독신으로 살면서 성전 봉사를 하는 구별된 이가 되었느냐의 논쟁이 아니다.[2] 무남독녀 외동딸이다. 아버지의 집에서 기업을 잇지 못하게 하겠다는 배다른 형제들에게 복수하는 길은 그들 공동체의 수장이 되고 딸을 통해 기업을 잇는 것일 텐데 이제 입다는 그 길이 막혔다. "뭐, 재혼하면 되지요. 일부일처제도 아닌 시절이잖아요." 승승장구하며 더 큰 힘을 소유하게 된 입다가 설마 그 가능성을 몰랐을까? 입다의 이야기를 적던 전승 기록자들 역시 그것을 몰라 굳이 '무남독녀'임을 강조한 것은 아니리라. 공적으로 보자면 입다의 승전으로 이스라엘은 암몬 족속을 물리치고 크게 이겼다. 그리하여 구원을 받았다. 그런데 그 전승의 과정을 세세히 기록하는 대신 굳이 입다의 이 지극히 사적인 실패담을 장황하게 기록한 이유는 무엇일까? 적어도 이 본문의 관심은 여호와께서 그분의 백성을 구하는 사건에 사욕으로 참여하고, 무엇보다 생명을 살리시는 여호와의 뜻을 제대로 알지 못한 채 '제물'로 승리를 확보하고자 한 입다가 초래한 비극을 증거함이었을 것이다. 이를 통해 역설적으로 살아남

2 성서학자 중에는 히브리어 원문에 입다의 딸이 '죽었다'는 직접적인 표현이 없기 때문에 실제로 번제 제물이 되었다기보다는 평생 처녀로 지내면서 구별되어 성전 일을 담당하는 역할로 바쳐졌다고 보는 사람도 있다.

는 것만이 아니라 살리는 일에도 관심하시는 '구원의 하나님'을 더욱 선명하게 드러내고 있는 것이다.

이 비극은 결코 입다 집안만의 일이 아니었다. 공동체의 실패요, 다시는 반복되지 말아야 할 공동체의 비극이었다. 실제로 성경은 입다의 딸이 바쳐진 무렵이 오면 매해 '이스라엘의 딸들'이 입다의 딸을 위하여 나흘씩 애곡하였다고 전한다.(삿 11:40 참조) 그녀들은 애곡하며 어떤 비가(悲歌)를 불렀을까? 사람들은 그 애곡함을 나흘이나 지켜보면서 어떤 심정이었을까? 이제는 지겨우니 그만하라고 소리를 쳤을까? 하지만 이스라엘의 딸들이 이 슬프고도 불편한 기억을 매해 소환한 까닭은 가여운 넋을 위로하려는 이유만은 아니었을 것이다. 불신앙의 선택이 어떤 비극을 가져왔는지, 공동체 안에서 가장 충직하고 순전한 생명을 어떻게 잃게 되었는지를 잊지 말자는 의미가 더 컸다고 믿는다. 이후에 입다가 행한 훌륭한 리더십에도 불구하고 '하필' 이 사건을 강조하여 기록한 사람들은, 자신이 떵떵거리며 살고자 하는 욕심 때문에 약자의 생명을 살려내지 못한 이 사건을 계속 상기하면서 당시의 이스라엘뿐만 아니라 대대손손 기억하기를 원했을 것이다. 다시는 이런 비극이 생명의 영이신 여호와를 섬기는 이스라엘 공동체에서 발생하지 않기를….

마주보는 인간,
서로에게 주는 '도움'(에제르)이란

둘째, 성경에 담긴 하나님의 영감은 혼자서는 다 읽어낼 수 없기에 우리는 지극히 개인적이고 혼자 하는 성경 묵상을, 아니 그 묵상을 유일한 해석으로 주장하려는 시도를 주의해야 한다.

나의 깨달음에 '너의 해석'이 더해지고 서로가 함께 읽어내야 하나님의 뜻을 더욱 깊이, 더욱 온전히 알아가게 된다는 말이다.

대학 시절, 봉천동 야학에서 10대 중반의 소녀들을 가르친 적이 있다. 친한 벗의 남자친구가 당시 도시 빈민 지역의 한 교회에서 중고등부를 담당하고 있었는데 평일 저녁에는 검정고시를 준비하는 학생들을 가르쳤다. 이 일에 나도 도움이 되고 싶어 자청한 것이다. 내가 맡은 반의 소녀들은 중학교 3학년 정도의 나이였다. 하지만 집안 형편이 어려워 낮에는 학교 대신 모두 공장에 다니고 있었다. 교과목도 가르쳤지만, 쉬는 시간에는 종종 예수님의 비유를 들려주었더랬다. 하루는 '선한 포도원 농부의 비유'(마 20장)를 함께 묵상했다. 나는 그저 하나님의 '선하심'과 '넉넉하심'을 강조할 양으로 그 본문을 택했다.

> 나중 온 이 사람들은 한 시간밖에 일하지 아니하였거늘 그들을 종일 수고하며 더위를 견딘 우리와 같게 하였나이다 주인이 그 중의 한 사람에게 대답하여 이르되 친구여 내가 네게 잘못한 것이 없노라 네가 나와 한 데나리온의 약속을 하지 아니하였느냐(마 20:12-13)

새벽부터 일한 노동자와 마감 한 시간 전에야 겨우 일을 시작한 노동자가 모두 한 데나리온을 받게 된 이 본문을 13절까지 읽고서 잠깐 멈추었다. 주인의 행동을 어찌 이해하느냐고 묻자 이런저런 대답들이 나왔다. 그런데 그중 한 소녀의 말이 놀라웠다. "한 데나리온은 하루치 생활 임금인가 봐요. 그거 없으면 가족들이 다음 날을 살 수가 없는…." 일용직 노동자인 그 소녀의 아버지는 고된 일을 하고서도 일당을 받은 날이면 얼굴 한가득 환한 웃음으로 집에 돌아오신다고 했다. 그런 날 아버지의 손에는 배고픈 하루를 보낸 가족들을 위한 간식거리가 들려 있단다. 슬며시 어머니에게 건네는 꼬깃꼬깃한 봉투는 내일 하루의 일용할 양식을 보장하는 생활임금이다.

"하나님은 참 선하시죠? 종일 일한 사람에게 이미 약속한 한 데나리온을 주셨으니 그들에게 부당하게 한 것은 아니잖아요? 다만 뒤에 온 이들에게도 넉넉하게 채워주시는 분이죠. 이렇게 늦게 믿은 신자라 해도 하나님께 받는 사랑과 은총의 양은 한결같아요." 하마터면 이렇게 영적 구원의 측면만을 가르치고 마칠 뻔한 성경 묵상이었다. 그런데 한 소녀의 삶의 경험에서 나온 해석이 함께 본문을 읽던 우리의 깨달음에 변화를 준 것이다. 아, 필시 예수께서는 그 비유를 듣고 있던 당대 사람들에게 그렇게 전하고 싶으셨을 것이다. '이 땅의 가난한 사람들을 어찌 다 살려내겠느냐. 그러나 적어도 네가 오늘 만난 사람들, 그들의 하루 생존만큼은 네가 보장하고 기뻐했으면 좋겠구나!' 이 비유의 핵심 메시지는 그것이 아니었을까? "아버지가 그렇게 자비로우시니 너도 그렇게 자비롭거라." 그날 그 소녀와의 나눔을 통해 나는 큰 깨달음을 얻었다. 그것은 내가 일방적으로 가르치는 대신 함께 묵상과 해석을 나누었기에 가능한 깨달음이었다.

그동안 이 본문은 영적인 의미의 은유적 메시지로 해석되어 왔다. 포도원은 천국, 주인은 하나님, 일꾼들은 신앙인들을 의미한다고 대입하면서 말이다. 먼저 하나님의 계율을 알고 성실히 지켜온 유대인들을 향해 '너희만 하나님 나라를 소유할 자격이 있는 것이 아니다.'라는, 믿음으로 얻게 되는 구원은 마지막에 참여하는 사람들에게도 공평하다는 의미를 전하는 은유라고 말이다. 물론 그런 읽기가 '틀렸다'는 것은 아니다. 그런데 그렇게 읽으면 비유의 맨 마지막, "이와 같이 나중 된 자로서 먼저 되고 먼저 된 자로서 나중 되리라"(16절)라는 말씀은 해석하기가 모호해진다. '한 데나리온'이 만약 하나님께서 믿는 이들에게 공평하게 주시는 은혜와 구원이라면, 나중 된 자는 왜 먼저 되고 먼저 된 자는 왜 나중 된다는 말인가? 그런데 그 소녀의 말처럼 한 데나리온이 당시 가난한 서민 가족이 하루 먹을 일용할 양식에 해당하는 비용이라면, 그리고 하나님 나라가 그런 기본적인 생활이 권리로 보장되는 '살아내고 살려내는' 관계적 공동체라면, 그렇다면 예수님이 하신 비유의 마지막 구절은 너무나 선명하게 이해가 된다.

'탕자의 비유'에서 큰아들이 화를 냈듯이, 이른 새벽부터 땀 흘려 노동한 노동자들은 분노했다. 그들은 자신들이 부당한 임금을 받게 되어서 화를 낸 것이 아니라 포도원 주인의 선함과 넉넉함에 불만을 표시한 것이다. 일용직 노동시장에서 오후 다섯 시까지 남아 있던 사람들은 왜 그때까지 거기 있었겠는가! 특별한 전문기술을 가진 것도 아니요, 젊거나 신체가 건강한 것도 아니었을 것이다. "우리를 품꾼으로 쓰는 이가 없음이니이다."(7절) 그렇다고 집에 돌아갈 수도 없는 사람들이었다. 빈손으로 돌아가면 내일은 온 가족이 쫄쫄 굶게 생기질 않았나. 일할 의지가 있고 일을 해야 하는 간절한 상황에 있으되 일할 기회와 자리가 주어지지 않은 사람들, 이들까지 보듬어 생활임금이 보장되는 '나라'가 하나님 나라의 질서라는 예수님의 메시지를 듣고 가장 기뻐한 사람들은 누구일까? 나중 된 자가 먼저 되는 것은 너무나 당연하다.

이는 위계적 자리바꿈을 의미하는 것이 아니다. 지금 우리가 만들어 놓은 경쟁적인 위계질서의 피라미드에서 가장 밑바닥에 있는 사람들, 그렇게 배치됨으로써 생계와 생명이 위협받는 사람들이 모든 사람의 기본생명권을 챙기시는 하나님의 통치를 제일 먼저 반기게 될 것이라는 선포이다. 능력이 되어서, 충분히 제힘으로 이 사회에서도 살아갈 생존력이 있어서, 그래서 하나님의 은혜 '따위'는 간구하지 않아도 되는 사람들에게 '한 데나리온을 함께 나누는 나라'가 어찌 기쁜 나라이겠나! 그러니 그들은 이 나라의 질서를 인정할 가장 마지막 사람들이 될 수밖에.

대학 시절, 신학 전공생이던 나는 한 소녀의 본문 묵상을 마주함으로써 예수께서 비유로 말씀하신 그 나라의 작동 방식을 깨달아 알 수 있었다. 아, 그래서 하나님께서는 사람을 처음부터 '짝-공동체'로 지으셨나 보다. 마주보며 서로에게 도움(에제르)을 주는 존재가 무릇 창세기가 고백하는 인간의 존재 방식이다.

02

'경經줄'을 잡은 사람들의 하나님 이해

"성경 말씀은 '하나님의 영감'으로 기록된 것이라 일점일획도 더하거나 뺄 수 없으며 적힌 그대로 믿고 실천해야 한다." 자라면서 교회에서도, 집에서도 쭉 듣던 말이다. 그런데 이게 참 어려운 일이다. 모세의 계명이나 예언자들이 말한 엄격한 윤리 규범도, 예수께서 보여주신 희생적 사랑도 철저히 따르기란 쉽지 않다. 하지만 '성경대로' 살아가는 실천성의 문제와는 별개로 또 하나 어려운 고민이 있다. 도대체 수천 년 전 배경을 담은 성경 이야기를 '어디까지' 그대로 지켜야 한단 말인가?

사실 '성경대로' 살려고 노력한다는 경건한 신자들조차 일점일획도 빠뜨리지 않고 성경의 권고를 지키며 살지는 않는다. 일부다처제, 형사취수제, 노예제, 가산제를 배경으로 한 이야기들은 과거의 문화로 여기며 별 스스럼없이, 신앙적 갈등 없이 걸러낸다. 아니, 오히려 이런 낡은 제도들을 오늘날에도 지키겠다고 하는 사람이 비정상이라고 생각한다.

하긴 어느 목사님, 장로님 가정에서 형이 죽었다고 동생에게 형수랑 결혼하라고 종용하겠나! 가끔 제도는 사라졌으나 관성은 남은 신분제적 습속에 사로잡혀 주인/양반 행세를 하는 신자들이 있기는 하지만 그 경우에는 그야말로 시대에 뒤진 '꼰대' 소리를 들으며 젊은이들의 빈축만 살 것이다.

그런데 참 이상하다. 낡은 제도가 반영된 본문을 읽으면서는 지극히 상식적인 행동을 하는 신자들이, 어떤 문제는 '시대착오적'이라는 비난을 감수하면서까지, 마치 순교자의 자세로 성경의 전근대적(pre-modern) 권고를 절대시하니 말이다. 여성에 대한 응시가 그 대표적 사례이다. 경건한 신자 중에는 여전히 "여자는 교회 안에서 잠잠하라"느니, "아내들아… 남편에게 순종하라"라는 말을 '계시'처럼 받아들이는 분들이 많다. 이때는 '성경에서 일점일획도 더하거나 빼면 안 된다.'라는 주장이 살아난다. 도대체 이를 어찌 해석해야 하지? 하, 이건 또 다른 난제이다. '진리'를 알고도 의지가 약하여 실패하는 것과 제대로 알지 못하는 것은 분명 다른 문제이니까. 하나님의 영감으로 기록된 성경을 어찌 읽어야 우리는 진정한 의미에서 '성경적 내용'을 파악할 수 있는 것일까? 제대로 알아내야 제대로 살 수 있으니, 아는 것이 먼저인 듯싶다.

성경인가 성서인가,
경(經)을 잡고 서(書)를 쓰는 사람들

내 경우는 성경의 '경'(經) 자를 묵상하다가 해석의 기준이 되는 실마리를 찾았다. 개신교의 경우 66권으로 이루어진 성경을 '거룩한 경전'으로 받아들이지만, 사실 하나님께서 직접 66권을

'단행본'으로 묶어주신 것은 아니지 않나. 성경 편집 작업에 대해서 길게 소개할 지면은 아니지만, 굳이 이론서들을 읽지 않고 성경 본문 자체에만 집중해도 성경이 편집되었다는 것은 인정할 수밖에 없다.

교회학교 시절에 나는 창세기 1장 1절부터가 걸렸다. "아니, 선생님, 태초에 아무것도 없었다면서요. 하나님의 영이 수면 위를 운행할 뿐 생명을 가진 존재가 없었는데, 1장 1절부터 받아 적은 사람은 누구죠?" 덕분에 꿀밤도 여러 번 맞은 기억이 있다. 머리가 조금 크자 성경만 집중해서 읽어도 우리가 가진 최종 본문이 여러 사람의 손을 거쳤음이 너무나 자명하게 보였다. 사사들의 이야기가 실시간처럼 긴박하게 진행되다가도 "그때는 왕이 없어 사람들마다 다 좋을 대로 행했다."라는 평가자의 말이 불쑥 끼어든다. 히브리어, 헬라어를 직접 공부하고 나면 그 결은 더욱 선명해진다. 우리나라 사람이라면 금세 18세기 언문 소설과 21세기 현대어를 구분할 수 있는 것과 마찬가지다.

그렇다고 성경 이야기가 몇몇 사람들의 머릿속에서 나온 상상의 텍스트라는 이야기는 결코 아니다. 성경은 분명히 살아 계신 하나님이 '그분의 백성' 이스라엘의 삶에 개입하시면서 일어난 구체적인 역사를 신앙고백적 언어로 기록한 책이다. 다만 그 안에 담긴 사건들이 거의 천 년에 걸쳐 구전되었다는 것을 알아야 한다. 출애굽을 도우신 여호와 하나님의 기적을 직접 경험한 할아버지가 아버지에게, 다시 아들에게, 그렇게 전해진 내용이 부분적으로 기록되고, 그것을 모아 또 엮고, 다시 재정비하고, 이렇게 여러 사람에 의해 오랫동안 엮인 '하나님의 말씀'이다.

이를 '경전', 즉 경줄이 되는 책이라고 이름 붙인 데에는 이유가 있다. 한자 '경'(經) 자는 '실 사'(糸) 변을 취하고 있는데, 세로로 실이 고정되어 있는 모양, 그리고 이로써 행하는 노동 작업[工]을 묘사한다. 맞다. 베짜

기이다. 옷감을 짤 때 실을 단단하게 세로로 고정해놓지 않고서는 북실을 옆으로 왔다갔다 가로지를 수 없다. 성경은 신자에게 바로 그런 경줄과 같은 존재라는 것이다. 성경에는 기원전 2,000년 전 하나님을 만난 아브라함이 받은 계시부터 사도 요한이 비전을 보며 받은 계시까지 움직이지 않고 고정된 세로(경)줄이 가득하다.

다만 우리가 주의해야 하는 것은 성경이 경줄로'만' 만들어진 텍스트가 아니라는 사실을 인정하는 것이다. 경줄은 이미 고정된 줄이라 움직이면 안 되지만, 아름다운 옷감이란 자고로 위줄을 이리저리 움직여야만 비로소 탄생하는 법이다. 이것이 성경을 성서라고도 부르는 이유이다. 성경에는 분명히 '서'(書)의 영역이 있다. 사람이 '쓴' 부분 말이다. 옷감의 무늬는 경줄과 위줄이 함께 엮여 만들어진다. 그러니 경줄은 하나님으로부터 주어진 것이라 해도, 위줄(서)은 직조자의 역량인 셈이다.

물론 이 직조 과정 중에 하나님의 영감이 함께하신다는 것을 고백한다. 분명 우리의 성경 안에는 산 신앙으로 살아낸 선배들의 위줄짜기가 함께 담겨 있다. 그러나 경줄이 시공을 초월하여 고정된 단단한 불변의 메시지인 반면, 위줄에는 직조자의 시선, 환경, 지식의 제한성이 반영되게 마련이다. 경줄은 어느 시절, 어느 공간, 누구나 모두 꼭 붙잡아야 할 일이지만, 위줄마저 절대화하면 곤란하다. 때론 위줄의 내용을 시대착오적으로 고집하는 신자들로 인해 오늘날 신앙의 이름으로 생명을 억누르고, 심지어 죽이는 일까지 벌어질 수 있기 때문이다. 그러니 무엇이 경줄이고 무엇이 위줄인지, 이것을 살뜰하게 찾아내는 작업은 너무나 중요하다. 물론 이 역시 혼자 할 수 있는 부분은 아니다. 여럿이 모여 함께 읽고 나누는 본문 묵상과 공부, 기도를 통해 서로 피드백을 받으며 진행되어야 한다.

모세 율법의 경줄(계시)적 메시지

하나님께서 모세에게 '계시'하셨다는 율법만 해도 그렇다. 출애굽기의 한 본문을 들어 살펴볼까 한다.

> 네가 히브리 종을 사면 그는 여섯 해 동안 섬길 것이요 일곱째 해에는 몸값을 물지 않고 나가 자유인이 될 것이며 만일 그가 단신으로 왔으면 단신으로 나갈 것이요 장가들었으면 그의 아내도 그와 함께 나가려니와 만일 상전이 그에게 아내를 주어 그의 아내가 아들이나 딸을 낳았으면 그의 아내와 그의 자식들은 상전에게 속할 것이요 그는 단신으로 나갈 것이로되 만일 종이 분명히 말하기를 내가 상전과 내 처자를 사랑하니 나가서 자유인이 되지 않겠노라 하면 상전이 그를 데리고 재판장에게로 갈 것이요 또 그를 문이나 문설주 앞으로 데리고 가서 그것에다가 송곳으로 그의 귀를 뚫을 것이라 그는 종신토록 그 상전을 섬기리라(출 21:2-6)

물론 노예제도가 사라진 지금이니 이를 문자적으로 새길 일은 아니다. 그렇다면 이 구절에 과연 '경줄'이 있나? 시간과 공간을 초월해서도 진리이며 누구에게나 적용될 하나님의 계시 말이다. "에이, 여기는 몽땅 위줄이구나!" 이렇게 속단하고 실 뽑듯 쪽 뽑아내버리는 것은 성급하다. 당시 문화로 치면 노예는 사람이 아니던 시절이다. 그냥 노동력이다. 쓰고 버리는 존재요, 죽더라도 재산 손실 면에서는 안타깝지만 인격적으로 애통해할 일은 아니라고 생각하던 때였다. 그런 시절에 소위 당대의 전제를 '초월'한 말씀을 받았다. 적어도 '히브리 사람', 즉 동족이 빚을 졌거나 상황이 열악해서 자신의 집에서 종살이를 하게 되었다면, 6년만 일하게 하고 7년째에는 자유인으로 풀어주라는 말이다. 빚을 다 갚지 못했더라도 몸값을 물리지 말고 그냥 자유롭게 해주라는 말이다. 그러니 이 본문에서 우리가 붙잡아야 하는 경줄(계시)은 가장 미약한 자에게 베푸는 호혜요 자비이다.

물론 이 본문을 자세히 보면 '경줄'만 존재하는 것이 아님을 알 수 있다. 여전히 종을 '노동력'으로 보는 구절들이 보인다. 종이 되어 와서 주인의 노동력인 여종과 결혼을 한 경우나 둘 사이에 자녀를 낳은 경우에는 단신으로 나가라니! 주인의 실리를 따져보면 그럴 수 있는 일이다. 이미 나의 소유였던 여종 하나에 미래의 노동력인 아이들까지 어찌 보내겠는가! 그건 대단한 노동력 손실이다. 여기엔 여전히 여종과 아이들을 '가산'(家產)으로 응시하던 당시 사회의 제도적 시선이 담겨 있다. 그러나 이것은 하나님의 시선일까, 아니면 가산을 제법 가진 사람들의 이기적인 덧붙임이었을까? 후대의 예언자들은 서기관들과 율법 학자들을 향해 자기 이익대로 율법의 내용을 덧붙이지 말라며 호통을 쳤다. 일례로 이사야는 공공연하게 자행되는 불의한 첨가를 지적하며 하나님의 경고를 전한 바 있다. "불의한 법령을 만들며 불의한 말을 기록하며 가난한 자를 불공평하게 판결하여 가난한 내 백성의 권리를 박탈하며 과부에게 토색하고 고아의 것을 약탈하는 자는 화 있을진저."(사 10:1-2) 성경 안에서도 그 답을 찾을 수 있는 부분이다.

"아니, 율법 말씀은 모두 모세가 시내산에서 한꺼번에 받은 말씀이 아니었나요?" 물론 이렇게 믿고 있는 신자들이 많은 줄 안다. 그러나 성서학자들 중 상당수가 모세 공동체가 받은 것은 '원계명'라는 데 합의를 하고 있다. 즉 지금 우리가 가진 형태대로의 어마어마하게 길고 세세한 '율법 조항들'은 이스라엘이 정착하고 성전을 중심으로 한 제의 종교를 가지게 되면서 더해지고 덧붙여졌다는 말이다. 그럼에도 '중다한 잡족'을 데리고 이집트를 탈출한 모세가 여호와께로부터 받은 '원계명'이 있다면, 이 본문에서 그 원계명에 해당하는 메시지는 필시 "이웃을 노동력으로 대하지 마라."가 아니었을까? 아니, 당시는 인력이 꼭 필요한 시절이었으니 "어쩔 수 없이 인력으로 쓰더라도 7년째에는 조건 없이 자유롭게 하라."였을 수도 있겠다. 뒤에 붙은 사족들(여종과 자식들에 관한 내용)은 여전히 그 시대와 문화의 한계를 뛰어넘지 못한 사람들의 '위줄'이었을 것이란 생각이다.

이와 같이 성경은 경줄과 위줄이 긴밀하게 짜인 텍스트로 보고 읽어야 한다. 위줄은 시대적 한계, 혹은 저술자의 한계를 담은 부분이므로 우리가 지금까지 붙들 필요가 없다. 아니, 이를 지금에도 그대로 적용하고자 한다면 오히려 하나님의 초월적·보편적 계시를 손상시키는 것이다. 그러나 경줄은 시공을 초월하며 모두에게 적용되어야 할 메시지이다. 그러니 꼭 붙잡아야 한다. 나에게 위 본문에서 경줄을 읽어내라고 한다면 이렇게 해석하고 싶다. "네 이웃은 착취의 대상이 아니다. 감당할 만하거든 그를 자유롭게 하여라." 예수께서는 이를 '빚 탕감하는 사랑'으로 번역하셨다. 성경의 말씀은 '모두에게 복음'이어야 비로소 계시이다. 지금 이 텍스트대로라면 주인, 그리고 단독으로 왔거나 결혼해서 왔다가 그 상태 그대로 6년을 맞은 히브리 남자 이외 사람들에게는 기쁜 소식이 아니다. 결국 하나님의 계시(경줄)를 받아 이를 성경에 담은 이들의 위줄이 이런 방식으로 반영되어 있는 것이다.

히브리인의 하나님,
여호와

그렇다면 비록 위줄과 함께 엮었을지언정 노예가 가산이던 시절에 이스라엘 사람들은 어떻게 시대를 초월하여 '약자들을 향한 배려와 사랑'이라는 '경줄'의 말씀을 받았을까? 힌트는 '히브리'이다. 히브리 사람은 누구인가? 갈대아 우르에 사는 사람들을 갈대아인이라고 부르고 이집트에 사는 사람들을 이집트인이라고 하듯, 당시 사람들의 이름은 거주지 중심으로 붙여져 있었다. 하긴 지금도 그러하다. 한국인, 일본인, 미국인 등과 같이 공동체의 이름은 주로 지명과 연관하여 붙여지게 마련이다. 그런데 고대 근동의 지명을 샅샅이 뒤져도 '히브리'라는 지명은 없다. 이 이름은 도대체 어디서 유래한 것일까?

고대 근동학을 연구하는 학자들은 기원전 2,000년 즈음에 있었던 고대 제국들의 유물 속에서 왕들의 비문이나 진흙 토판 등의 기록물들을 해독했다. 성경의 배경을 더 깊이 이해하고픈 이유에서였다. 그런데 그런 기록물을 해독하는 과정에서 '하비루'(Hapiru) 혹은 '아피루'(Apiru)라 불리는 사람들에 대한 묘사가 자주 발견되었다.[3] 그들에 대한 묘사를 분

---

3 예를 들면 이런 묘사들이다. "아피루와 연합하여 협정을 맺고…." "아피루가 되고" "아피루가 성읍을 점령하고…." "아피루가 된 노예들과 종들이 그를 죽였습니다." "그의 지원군이 강합니까? 아피루의 도움 때문에 강할 뿐입니다." "너희가 지도자를 죽이면, 너희도 우리처럼 평화를 누릴 것이다. 그러자 그들은 그의 말에 따라 행동하였는데, 마치 아피루와 같았다." "그리하여 그들은 암미아 성읍처럼 아피루와 연합하였다." "이제 아피루는 폐하의 성읍을 취하였습니다." "폐하께서는 아피루의 손에서 그의 땅을 건지소서."[마빈 체이니, 우택주 외 옮김, 『농경사회 시각으로 바라본 성서 이스라엘. 구약성서의 종교와 사회의 역사 문학 해석』(서울: 한들출판사, 2007), 79-89에서 발췌] 다윗이 압살롬의 반란을 피해 아둘람의 굴로 피난

석하여 학자들이 내린 결론인즉, '하비루'는 메소포타미아에서 이집트에 이르는 비옥한 초승달 모양의 지역을 유리방황하며 생계 노동을 위해 임시로 계약관계를 맺던 떠돌이 이주노동자들의 총칭이었다는 것이다. 즉 그들은 계약 농부, 계약 노동자, 계약 용병 등 어떤 방식으로든 자신의 노동력을 팔아 식솔들을 먹여 살리느라 이리저리 유랑하던 무리였다. 고대 이스라엘 사람들이 히브리인이라고 불리는 까닭은 이 '하비루'라는 사람들의 정체성과 깊이 연관되어 있을 것이라는 말이다.

하나님은 모세에게 자신의 '풀 네임'(full name)을 말씀하신 적이 있다. 떨기나무 가운데의 불꽃과 신비로운 음성에 압도되어 벌벌 떨던 모세에게 '스스로 있는 자'라는 매우 철학적인 이름을 알려주신 신은, 역사 안에서 구체적으로는 아브라함의 하나님, 이삭의 하나님, 야곱의 하나님으로 자신을 계시하셨다고 말씀하신다. 그리고 스스로를 "히브리 사람의 하나님 여호와"라고 밝히신다.(출 7:16) 아브라함은 '히브리 사람'으로 불렸다. "도망한 자가 와서 히브리 사람 아브람에게 알리니 그 때에 아브람이 아모리 족속 마므레의 상수리 수풀 근처에 거주하였더라."(창 14:13) '그때에'라니. 때에 따라 아브라함(이 시절은 아직 아브람이었다.)의 거주지가 달랐음을 알 수 있는 구절이다. 아모리 족속과 상부상조하는 동안은 거기 머물 수 있었다. 요셉도 이집트에서 종살이 할 때에 '히브리 청년'으로 불렸다. 결국 이스라엘의 조상들은 '히브리 사람'이었다.[4]

갔을 때에도 그 주변에 몰려든 사람들은 대부분 하비루의 행색이었다.(삼상 22:1-2 참조)

4 물론 모든 히브리인이 다 이스라엘 사람인 것은 아니다. 사울이 불리한 전투에 임했을 때 그의 아들 요나단이 병기 든 소년과 단둘이서 적진으로 넘어간 용기에 전세가 뒤집힌 사건이 있었는데(삼상 14장 참조), 그때 마음을 바꾸어 이스라엘 편에 서는 사람 중에는 적들의 계약 용병인 히브리인들도 포함되어 있었다.

그렇다면 아브라함은 언제부터 이렇게 '때에 따라 이동하는' 삶을 살게 되었을까? 성경은 그가 갈대아 우르를 떠나 하란 즈음에서 하나님의 계시를 받았다고 전한다.

> 여호와께서 아브람에게 이르시되 너는 너의 고향과 친척과 아버지의 집을 떠나 내가 네가 보여 줄 땅으로 가라 내가 너로 큰 민족을 이루고 네게 복을 주어 네 이름을 창대하게 하리니 너는 복이 될지라 너를 축복하는 자에게는 내가 복을 내리고 너를 저주하는 자에게는 내가 저주하리니 땅의 모든 족속이 너로 말미암아 복을 얻을 것이라 하신지라(창 12:1-3)

이 성경 본문이 나오기 직전인 11장 마지막(31절)을 보면 아브라함은 지리적으로는 이미 우르를 떠나 있다. 아브라함의 아버지가 이미 식솔들을 데리고 하란에 머물러 있는 상황이다. 더구나 이들의 목적지는 가나안 땅이었다. 그리고 하란에서 데라가 죽었다. 그렇다면 가능성은 두 가지이다. 첫째, 데라가 아브라함보다 먼저 계시를 받고 우르를 떠났을 가능성이다. 하지만 그런 것 같지는 않다. 그랬다면 여호와께서 새삼 아브라함에게 "너의 고향과 친척과 아버지의 집을 떠나라."라고 말씀하지는 않으셨을 테니. 아브라함의 고향이 어디인지는 사실 이 본문에서는 알 길이 없다. 두 번째 가능한 해석은 여호와께서 익숙한 곳, 안전한 곳, 아버지의 답이 있는 곳을 떠나라고 말씀하신 것으로 보는 것이다. 그런데 이미 '데라의 집'은 길 위에 있었다. 우르에서 하란으로, 다시 가나안으로 가던 여정이다. 이들은 어떤 삶을 살던 가족이기에 정착하지 못하고 이렇게 떠돈 것일까? 만약 고대 이스라엘을 부르는 이름인 '히브리 사람'

이 '하비루'와 연관이 있다면 답은 분명해진다. 아, 이들은 '하비루'였구나. 고대 근동의 무역 경로를 따라 이동하면서 일거리를 찾아 살던 사람들이구나.

만약 '히브리 사람'을 당시 사회적 배제자요 약자의 총칭인 '하비루'로 보지 않는다면, 아브라함에게 복을 약속하는 성경 본문은 상당히 편파적이다. '히브리 사람의 하나님'이라니, 편애도 이런 편애가 없다. 이러면 계시의 보편 원칙에서 벗어나는 것 아닌가? 아브라함의 자손이 아닌 사람들, 히브리 사람이 아닌 사람들에게는 전혀 '기쁜 소식'이 아니지 않는가! 그러나 '히브리인'들의 삶을 알고 나면 이 계시가 '경줄'임을 고백하게 된다.

고대 근동의 거대한 도시국가 사이사이를 떠돌면서 생계를 유지하던 '하비루'들에게는 그들만의 신(神)이 없었다. 바벨론, 이집트 등 각 도시 제국들은 저마다의 신을 선포했지만, 그 신들은 자기 도시의 백성만 지키는 배타적 존재라고 고백되었다. 이곳저곳 도시국가 사이를 떠돌던 하비루들의 신은 없었다. 그들에게는 울타리가 없었고, 정착할 땅도 없었으며, 자신들을 지켜줄 법이나 군주도 없었다. 외로운 고아와 같은 존재들이었다. 그래도 먹고살기 위해 쭈뼛쭈뼛 타지에 들어가야 했고, 목숨을 걸고서라도 전장의 선봉장이 되어야 했다.

그런 '히브리 사람' 아브라함에게 하나님께서 계시로 나타나신 것이다. 내가 너의 하나님이 되겠다고! 결국 아브라함이 받은 복은 특정 인종, 특정 민족에 대한 하나님의 편애가 아니다. 똑같이 지어놓았는데 사람대접을 받지 못하는 '못난 자식'에 대한 애절한 마음이신 것이다. 하나님의 '더 아픈 손가락'이 바로 히브리 사람들이다. "다 내가 낳은 사랑하는 아이들이다. 그러니 얘들아, 히브리 사람이 네가 사는 곳에 가거든 환대하거라, 반기거라, 보살펴주거라. 그러면 나 역시 너희에게 복을 줄 것이다. 하지만 히브리인들이 힘이 없고 가난하다고 그들을 업신여기고 박대하면, 나 하나님 여호와는 무척 실망하고 화가 날 것이다. 그것이 너희에게는 저주가 될 것이다."

창세기 12장의 본문이 이런 뜻이었다면, 아브라함이 복의 근원이라는 말씀은 아브라함만 복을 받는다는 말이 아니다. 오히려 그의 약함이 이웃들에게 복을 받을 수 있는 기회가 될 것이라는 뜻이다. 이렇게 보면 이 본문은 누구도 섭섭하게 만들지 않는다. 그야말로 경줄이다. 함께 기뻐할 일이다. 만약 약자들에 대한 환대가 배 아프고 받아들이기 힘들다면 그는 '하나님 나라에서 꼴찌'인 사람이다. 하나님의 넉넉한 사랑을 부정하는 사람이다. 왜 나중에 온 자들에게도 한 데나리온을 주느냐고 투정 부리는 사람이다. 약육강식, 적자생존의 사회적 먹이사슬에서 가장 위태롭게 살아가던 '히브리 사람들', 그들에게 삶의 의미와 존재 가능성을 약속하시며 계시의 말씀을 주신 분이 바로 '히브리인들의 하나님, 여호와'이시라니! 함께 기뻐하자, 복음(福音)이다.

03

개인이 받은 계시, 공동체적 해석의 기준

매주 교인들에게 배부되는 주보에 집 주소와 전화번호가 찍혀 있는 삶을 산다는 건 매우 고달픈 일이었다. 하긴 집을 찾기 어려운 것도 아니었다. 목사관은 교회 건물 지하에 있었으니까. 더구나 아버지는 교인들이 언제든 들어올 수 있도록 목사관에서 기도실로 연결된 문을 항상 열어두셨다. '덕분에' 나는 기상천외한 경험을 많이 했다. 사람 사는 모습이 얼마나 가지각색인지, 그리고 사건·사고의 스펙트럼이 얼마나 무궁무진할 수 있는지를 일찌감치 알게 된 것이다. 달리 PK(Pastor's Kid)이겠나. 겉모습은 열대여섯 사춘기 소녀여도 속은 이미 노련해서 아버지, 어머니가 심방 나가신 동안에 벌어지는 웬만한 교인 방문은 척척(?) 해결사 노릇을 할 만한 내공도 생겼다.

그런데 정말이지 대화가 곤란한 경우가 있었다. 이성도 감성도 아닌, '계시'를 내세우는 때였다. 그래도 자기 자신에 대한 계시를 자랑하고 싶어서 방문한 상황이라면 그저 고개를 끄덕끄덕하며 들어드리기만 하면 된다. 하지만 하나님께서 밝히 드러내셨다고 확신하는 내용이 교회 공동체의 일이거나, 당사자가 아닌 교회 다른 지체의 일인 경우에는 참으로 난감했다. "하나님께서 이번 교회 증축을 원치 않으신다고! 그리고 건축위원장이 회개하고 자리를 내놓아야 한다고 나한테 분명히 계시하셨다니까!" '하나님의 계시'라고 하니 '감히' 무시하지는 못하겠지만, 낡은 건물에 구조도 복잡하고, 안전도와 공간 확보를 위해 합리적으로 교인총회라는 적법한 절차를 거쳐 결정한 사안인데, 한 개인이 받은 '계시'로 진행하던 일을 멈춰야 하나? 대부분 계시를 받았다고 공동체에 '선포'하는 교인들은 신앙적 열정이 남다른 편이어서 자신의 이야기, 아니 하나님께서 자신에게 알려주셨다는 이야기가 관철되지 않으면 공동체 안에서 소란을 일으키곤 했다.

어려서부터 이런 모습을 지켜보며 난 참 궁금했다. 개인이 받았다는 계시가 공동체나 타인에게 해를 끼칠 때, 혹은 공동체 안에서 한 개인의 계시와 다른 개인의 계시가 충돌할 때 도대체 어떤 것이 '맞는' 하나님의 계시인 것인지. 하나님의 진짜 계시는 어떻게 구별할 수 있는 것일까? 공동체가 다 보는 앞에서 또렷한 음성으로 한 자 한 자 계시를 내려주신다면 확실하겠는데, 보통 한 개인이 꿈이나 환상으로 받는 경우가 많으니 그것의 진위를 어찌 구별하느냐는 말이다. 그래서 성경을 읽을 때면 유난히 개인이 계시를 받는 장면에 관심이 갔다. 그리고 그런 본문들을 집중적으로 읽고 묵상하다가 발견한 것이 계시가 가진 '초월성'(超越性)과 '보편성'(普遍性)이라는 특성이다. 아, 그것이 하나님의 계시를 분별하는 기준이겠구나! 그래서 나는 경줄은 언제나 초월성과 보편성을 가져야 한다고 믿는다.

아브라함의 '아케다' 사건,[5]
계시의 초월성

아브라함은 하나님의 계시를 받고 우르를 떠나 약속의 땅으로 발걸음을 옮겼고, 자주 환상 중에 하나님의 말씀을 받았다. 가장 소망스럽고 감격스러운 계시의 말씀은 아직 아들이 없던 그에게 약속하신 '자손'의 복이었을 것이다. 하늘의 별과 바다의 모래만큼이나 많은 후손이라니! 75세에 받은 약속이 이루어지기까지 무려 스물다섯 해를 기다리지 않았는가. 그렇게 귀하게 얻은 아들 이삭의 성장을 바라보는 아버지 아브라함의 마음은 얼마나 기쁨으로 충만했을까. 그런데 창세기 22장에는 도무지 이해할 수 없는 계시의 말씀이 전달된다. "네 아들 네 사랑하는 독자 이삭을 데리고 모리아 땅으로 가서 내가 네게 일러 준 한 산 거기서 그를 번제로 드리라."(2절) 달랑 한 절로 전달된 계시이지만, 그 명령의 무게는 참으로 무겁고 가혹했을 것이다.

이 사건을 전달하는 편집자는 "하나님이 아브라함을 시험하시려고"라는 해석을 1절에서 이미 밝혀 독자들의 충격을 완화시키려고 노력했다. 그럼에도 이 구절을 읽는 독자들은 아브라함만큼이나 놀랄 수밖에 없다. 아들을 번제물로 드리는 끔찍한 행위에 대한 분노나 반박은 일단 뒤로하고라도, 이것은 하나님의 자기모순이 아닌가. 분명히 아브라함에게 자손의 복을 약속하시지 않았는가. 그런데 어찌 스스로 약속에 모순된 명령을 계시하실 수 있단 말인가! 그러나 계시는 종종 합리성을 초월한다. 선은 이렇고 후는 이렇고 이성적으로 따질 차원이 아니다. 그것을

5 '아케다'(akedah)는 히브리어로 '묶기', '결박'이라는 의미인데, 이삭을 묶어 제단에 올린 그 사건을 의미한다.

안 아브라함은 두말없이 곧바로 '받은 계시'를 실천한다.

다음 날 아침 아브라함은 일찍 일어나 이삭을 데리고 번제에 쓸 나무를 쪼개어 말씀하신 산으로 향했다. 뒷이야기는 우리가 익히 아는 대로이다. 필시 설교 예화로 가장 많이 사용된 본문 중 하나일 터이다. 이삭을 묶어 번제로 드리려는 아브라함과 마지막 순간에 드라마틱하게 개입하시는 하나님. "네가 네 아들 네 독자까지도 내게 아끼지 아니하였으니 내가 이제야 네가 하나님을 경외하는 줄을 아노라."(12절) 이후 수풀에 뿔이 걸려 있는 숫양으로 번제를 지내고, 그 땅의 이름을 '여호와 이레'라고 불렀다는 '해피엔딩'으로 마치는 본문이다.

기독교 신학자들과 설교자들 다수는 이 사건을 훗날 예수님의 십자가 희생과 연결한다. 그 해석이 틀렸다는 말은 아니나 여기서는 필시 이 본문을 가장 먼저 읽었을 청중, 즉 이스라엘 공동체의 시각에서 읽어보려고 한다. 적어도 이 사건을 기록한 편집자나 이 본문을 읽는 이스라엘 공동체는 아직 '독생자 예수'에 대한 이해가 없었기에 그런 해석은 불가능했다. 그럼 하나님은 정말 아브라함에게 자신의 외아들을 번제물로 드리라고 계시하셨을까? 21세기 대한민국에 사는 우리로서는 '실증적' 답을 찾아낼 방도가 없다. 다만 구전 전승을 통해 입에서 입으로 전해져 온 이 극적인 구원의 이야기를 이스라엘 공동체가 하나님의 계시 사건으로 기록한 의도에 대해서는 추론해볼 여지가 있다.

이 본문은 전형적으로 '원인론적 이야기'(etiological narrative)이다. 이는 한 공동체가 중요하게 생각하는 특정 장소나 질서에 얽힌 기원을 설명하는 서사 방식을 뜻한다. "아브라함이 그 땅 이름을 여호와 이레라 하였으므로 오늘날까지 사람들이 이르기를 여호와의 산에서 준비되리라 하더라."(14절) 이 구절이 핵심이다. "오늘날까지 사람들이 이르기를", 이는 이스라엘 초기 공동체의 삶을 기록한 본문에서 자주 등장하는 표현이다. 여기서 '오늘날'이란 현재 이 본문을 읽고 있는 이스라엘 공동체의 시점을 말한다. 그때가 언제이든 아케다 사건과 실시간이 아님은 분명하다. 그렇다면 후대에 이 본문을 기록한 사람들이나 읽는 자들이 '아케다 사건'에서 강조하고자 하는 메시지는 무엇일까?

적어도 공동체적 읽기 방식으로 이 본문을 볼 때 '하나님의 계시'는 2절만이 아니다. 나는 '여호와 이레'라는 신앙고백이 나오게 되는 마지막까지가 한 단위의 계시 사건이라고 본다. 계시의 초월성은 개인의 합리성만 넘어서는 것이 아니다. 당대 사람들이 공유하는 '문화적 당연'도 초월한다. 2절의 말씀만을 계시로 받아들인다면 이는 '개인' 아브라함에 대한 신앙적 테스트로 이해될 수 있다. 아브라함의 믿음이 자신의 합리적 사고를 넘어서는 계시를 수긍했다면, 그것은 이삭이 아니어도 자손을 이어가실 수 있는 하나님의 능력에 대한 신뢰였을 것이다.

그러나 이 본문을 21세기 우리의 문화적 전제에서 읽어서 그렇지, 어쩌면 아브라함은 2절의 계시 말씀을 '문화적 당연'으로 받아들였을 수도 있다. 당시 신에게 바칠 수 있는 최상의 제물은 자기 아들이었기 때문이다. 아직 여호와 신앙이 확고하게 확립되지 않은 상황에서 근동의 종교적 관행은 아브라함에게도 익숙했을 것이다. 외동아들, 이보다 더 아끼고 사랑하는 존재가 어디 있으랴! '아, 여호와께서 나에게 이만큼을 내놓을 수 있느냐고 물어보시는 거구나.' 그리 생각했다면 그리고 그만큼 여호와를 사랑했다면, 아브라함으로서는 당연한 행보였을 것이다. 그러나 그는 이 사건을 통해서 '여호와'는 결코 사람을 제물로 받으시는 분이 아니라는 사실을 극적으로 체험하게 된다. 여호와는 애정도 '따위'를 시험하시려고 독자를 바치라는 계시를 내리는 것이 궁극적 목적일 리가 없는 분이다. 하여 이 본문을 통해 하나님께서 '계시'하신 것은 당시의 종교적 제의문화를 꾸짖으시며 '여호와 종교는 인신제의를 용납하지 않는다.'라는 것을 전하고자 함이라고, 나는 그렇게 읽고 싶다. 이 경우 계시의 단위는 본문 전체이다. 그리고 여호와의 계시를 듣는 이들은 아브라함만이 아니라 이스라엘 공동체 전체이다.

원인론적 이야기의 핵심 교훈은 항상 그 이름의 유래와 의미에 드러난다. "오늘날까지 사람들이 이르기를 여호와의 산에서 준비되리라 하더라." 인간이 어찌해볼 수 없는 극한 상황에서 귀한 제물로 신의 환심을 사려 하는 이방문화에 섞여 살며 최상의 제물인 독자를 드리는 가능성을 '문화적 당연'으로 여겨온 이스라엘 사람들이라면, 이 본문 자체를 당대의 문화적 전제를 '초월'하여 하나님의 뜻을 드러내는 계시 사건으로 받아들일 수 있다. 살리시기 위해 '준비하시는 여호와'이시라니! 여호와께서 우리의 곤궁을 돌아보시고 미리 준비하신다니! 아, 우리는 오직 여호와만 앙망하면 되는구나!

"아니, 그런 교훈을 위해 아브라함 개인에게 너무나 끔찍했을 '아들 살해'라는 계시를 내리셨다는 건가요?" 글쎄, 그건 모르는 일이다. 계시란 성경에 적힌 대로 그렇게 명료하게 오지 않을 수도 있다. 아브라함이 어떤 방식으로 계시를 받고 이를 실천하려고 했는지의 진위는 우리가 밝힐 방도가 없다. 중요한 것은 아브라함도, 기록자도, 독자도 모두 이 계시 사건을 통하여 '어찌해볼 도리가 없는 상황에서 인간이 할 일은 오직 믿음으로 여호와의 산에 오르는 것'임을 깨닫게 되었다는 것이다. 이 계시 사건을 읽는 모든 이들이 "여호와의 산에서 준비되리라"라는 믿음으로 살아낼 수 있게 되었다는 것이 핵심이다. '초월'이 무엇인가? '지금 이곳'의 상황과 생각을 뛰어넘는 것이다. 그 초월이 '지금 이곳'으로 들어오는 사건이 계시 사건이다. "나 여호와가 준비한다. 그러니 믿어라. 너희들이 해야 할 최상의 것은 여호와의 준비하심과 개입을 믿으며 나의 산에 오르는 것이다." 이 본문에서 하나님이 주신 말씀을 이렇게 읽을 때, 이스라엘 공동체는 이 사건을 당대의 인간적 전제를 넘어 초월 신앙을 마음에 새길 수 있는 계시 사건으로 받아들일 수 있지 않을까?

요셉의 꿈,
계시의 보편성

요셉 역시 계시 체험을 많이 한 인물이다. 아주 어려서부터 꿈으로, 환상으로 하나님의 계시를 자주 보았다. 형제들이 보기에는 매우 얄미웠을 사건이 많았다. 아버지가 더 사랑하던 어머니 라헬의 장자인 데다가 채색옷까지 입혀 애지중지하는 아들이라니! 이것만으로도 고까울 수 있는데 꾸는 꿈까지 가관이었다. "내가 꾼 꿈을 들으시오 우리가 밭에서 곡식 단을 묶더니 내 단은 일어서고 당신들의 단은 내 단을 둘러서서 절하더이다."(창 37:6-7) "내가 또 꿈을 꾼즉 해와 달과 열한 별이 내게 절하더이다."(9절) 꿈 해석에 재능이 없는 사람이라도 들으면 금세 알 만한 내용이었다. 다만 이것이 개꿈인지, 현실의 반영인지, 아니면 미래에 대한 예시인지, 그것은 꾼 사람이나 듣는 사람의 전제에 따라 달리 받아들여지는 법이다. 형제들이 보기에는 '현실의 반영'이었을 것이다. "저 녀석이 아버지의 편애를 받더니 안하무인이구나. 교만이 하늘을 찌르겠어." 요셉이 이를 어찌 받아들였는지, 열일곱 소년 시절의 의미 해석은 기록되어 있지 않다. 다만 개꿈이라고 생각했다면 그리 호들갑을 떨지는 않았을 것이다. 오늘 이 글을 읽는 우리는 그 꿈을

'미래에 대한 예시'로 받아들인다. 훗날 이집트의 총리가 되어 있는 요셉에게 곡식을 구걸하며 머리를 조아린 형제들의 이야기를 '이미' 알기 때문이다.

그러나 성경을 두루 읽다 보면 하나님의 계시는 그저 미래를 먼저 보여주는 데서 그치는 법이 없음을 발견하게 된다. 청년 요셉도 꿈을 꾸던 당시에는 미처 몰랐을 것이다. 그러니 단순히 신기함에 형제들과 아버지 앞에서 꿈 이야기를 하며 우쭐댔겠지. 그러나 그 일로 형제들의 미움을 사고 급기야 팔려 가는 수모를 겪으면서 요셉이 깨달은 것은 처세술만이 아니었다. '아, 꿈이 나중에 다 사실이 될지언정 잘난 척하면 이렇게 시기 질투의 대상이 되는구나.' 이런 '개인적' 깨달음을 전하기 위해 이 본문이 성경에 기록되었을까?

바로가 꾼 꿈을 해몽한 덕에 요셉이 얻은 것은 총리대신 자리만이 아니었다. 꿈이나 환상으로 하나님께서 보이시는 계시가 나만 좋으라고 일어나는 것이 아님을 깨달았을 것이다. 바로의 꿈은 이집트의 백성들로 하여금 굶어 죽지 않고 흉년을 잘 버텨낼 기회를 얻게 한 계시적 꿈이었다. 이 꿈의 혜택은 바로나 요셉만 본 것이 아니다. 이집트의 백성들은 물론 야곱의 아들들도 호혜를 입었다. 동생인 줄은 꿈에도 모르고 야곱의 아들들이 요셉에게 머리를 조아렸을 때, 요셉은 '아하, 이렇게 내 꿈이 현실이 되는구나!' 하지 않았다. "하나님이 생명을 구원하시려고 나를 당신들보다 먼저 보내셨나이다."(창 45:5) "하나님이 큰 구원으로 당신들의 생명을 보존하고 당신들의 후손을 세상에 두시려고 나를 당신들보다 먼저 보내셨나니."(7절) '아이고, 타국에서 고생하더니 요셉이 인간이 되었구나. 인격적으로 성숙해졌구나.' 이렇게 해석한다면 인문학적 접근은 될지언정, 계시의 보편성을 깨닫는 영적 묵상은 아니다.

'계시의 보편성'이라고? 맞다. 하나님께서 어찌 한 사람 좋게 하자고 계시를 내리시겠는가. 요셉도 그걸 깨닫고서야 비로소 생명을 구원하시려는 하나님의 큰 뜻임을 고백할 수 있었다. 개인의 입신양명이나 영달을 알려주기 위한 영적 조언은 영험한 무당도 하는 일이다. "올 한 해는 죽은 듯이 조신히 있어 봐. 내년에 관운이 열릴 거야." "빨간색 속옷을 입도록 해. 그래야 만사형통할 거야." 요셉이 꿈으로 받은 계시는 이런 '유'의 예언이 아니었다는 말이다. 물론 구약의 모든 인물이 계시의 보편성을 깨달은 것은 아니다. 종종 자신의 영달, 혹은 자손의 길흉화복을 묻고자 하나님의 사람에게 달려간 이들도 있었다. 그러나 그럴 때마다 번번이 들은 하나님의 계시는 언제나 공동체에 관한 것이었다. "제 아들 아비야가 병에서 나을까요? 무병장수할 수 있을까요?" 개인적 미래가 궁금했던 여로보암에게 여호와께서 계시하신 말씀은 이스라엘 공동체에 관한 것이었다.[6]

---

6 열왕기상 14장을 보면 북왕국 이스라엘의 초대 왕 여로보암은 아들 아비야가 아프자 신탁을 받으려고 시도한다. 실로의 선지자 아히야는 전에 여로보암이 왕이 될 것을 예언한 적이 있는 여호와의 사람이었다. 하여 그에게 자기 아들의 안부를 묻고자 한 것이다. 어느 아비가 아들의 건강을 걱정하지 않을까마는, 여로보암의 경우는 더 특별했을 것이다. 이제 막 왕으로 등극한 터이다. 인간적인 생각으로 볼 때 왕권의 안정을 위하여 왕위 계승보다 더 중요한 것이 어디 있겠나. 그런데 왕자가 시름시름 아파서야 어찌 왕국이 안정될까. 그러나 아내를 몰래 변장시켜 들은 여호와의 말씀은 개인적인 것이 아니었다. 아비야는 하나님 여호와를 향하여 선한 뜻을 품은 자라는 명을 받은 대로 이제 죽어 여호와의 품으로 돌아가고 공동체의 애통함 속에 조상의 땅에 묻히겠지만, 공동체로서 이스라엘은 그렇지 않을 것이라고 하셨다. 물론 명시적으로는 여호와의 법도를 어긴 여로보암의 죄로 말미암음이라고 하셨지만, 왕이 여호와의 법도를 잊었기로서니 백성이라도 제대로 신앙을 지켰다면 어찌 이스라엘이 "그의 조상들에게 주신 이 좋은 땅에서 뽑혀" "강 너머로 흩어"지겠나.(왕상 14:15 참조) 이 일화를 보더라도 여호와의 계시는 개인적 길흉화복에 관한 것이 아님을 알 수 있다.

이 원칙을 알고 나면 행여 개인적으로 보이는 계시를 꿈이나 환상으로 받게 되더라도 요셉의 묵상을 수행할 수 있을 듯하다. “왜 형들의 곡식 묶음이 내 단에 절했을까?” “해와 달도 내게 조아렸다는 것은 무엇을 뜻할까?” 물론 이 본문을 편집사적으로 읽으면 굳이 ‘계시’의 차원으로 읽어낼 필요가 없다. ‘야곱의 열두 아들’은 실제 형제간이라기보다는 이스라엘 초기 공동체를 이룬 열두 지파의 관계를 혈연적 계보로 구성한 것으로 보기 때문이다. 이는 고대 근동에서 흔히 있던 서술 방식이다. 하나의 정치체를 이루며 살게 된 부족들을 ‘족보화’하는 것 말이다. 이런 해석에 근거하면 요셉 지파는 이집트를 탈출하여 시나이산을 거쳐 팔레스타인 중부로 들어오면서 비교적 후대에 이스라엘 공동체에 포함되었고, 무엇보다 여호와 신앙의 핵심적 사건들을 경험한 지파로 설명된다. 그렇다면야 이스라엘 공동체의 최종 형태를 ‘야곱의 열두 아들’로 구성하는 편집자 입장에서는 요셉 지파의 중요성을 강조하는 것이 당연하다. 하여 다른 지파들이 요셉 지파의 신앙적 리더십을 인정하는 에피소드로 꿈 이야기를 구상했다고 볼 수도 있다는 것이다.

하지만 굳이 편집사를 들먹이지 않고 성경의 내용을 있는 그대로 묵상하면서 ‘계시의 보편성’에 초점을 맞추어도 은혜는 깊다. 만물을 창조하신 여호와 하나님께서 어찌 나만 사랑하시겠나? 만약 나를 높이신다면 그건 무슨 의도이시겠나? 우리 교회를 번성하게 하신다면 그것은 무엇을 위함이겠나? 그러니 ‘내 가족만 살리는 특별한 계시’, ‘오직 우리 교회에만 내리는 하나님의 은총’을 파는 신앙은 그칠 일이다. 계시는 언제나 모두를 위한 하나님의 뜻을 담고 있기에, 그것이 개인이나 개교회의 이기주의적 욕망을 채우는 내용이라면 아무리 선명하게 듣고 보았어도 그것은 여호와 하나님의 계시가 아니다. 하나님은 언제나 모두를 살피고 살리는 분이기 때문이다.

계시를 받았는가? 그것이 이 땅에 팽배한 인간주의적 욕망을 '초월'한 내용인지, 그 뜻대로 살아내는 삶의 결과가 이 땅의 만물에게 '보편적'으로 유익을 끼치는 일인지 점검할 일이다. 그렇다면 그 뒤에는 그 뜻이 이 땅에서 이루어지도록 살아낼 일이다.

04

토라,
약자들의 공존과 연대를 기억하라

"인간이 만든 것 중에 '원래 그런 것'(the way things are)은 없다." 사회학을 배울 때 제일 먼저 듣는 대전제이다. 생각해보면 당연한 이치이다. '스스로 그러한 것', 즉 자연(自然)이 아닌 다음에야 어찌 인간 사회에 '원래 그런 것'이 있겠냐. 이는 물건이나 건물과 같은 물질적인 것에만 해당되는 말이 아니다. 윤리적 가치나 실천도 마찬가지다. 동서고금 윤리의 으뜸이라는 '효도'만 봐도 그렇다. 유학에서는 '부모의 뜻을 헤아려 행함'(養志之孝)을 효도 중에 최고라 하고, 유대교의 율법도 "네 부모를 공경하라."라는 도덕 명령을 인간관계의 제1명령으로 전한다. 그러나 사회학적으로 말하면, 이는 명백히 사람이 만든 윤리 명령이다. "아니, 뭐라고요? 그것이 어찌 인간이 만든 건가요? 세상 이치이고 하나님의 준엄한 명령이지!" 의심의 시선으로 이리 반문하는 독자도 있으리라.

물론 맞다. '하나님의 준엄한 명령'이다. 하여 치열하게 생각하고 진심으로 기도하는 사람이라면, 하나님의 명령은 시간과 공간을 초월하여 같은 것을 깨달을 수 있다. '경줄'이 되는 계시가 초월적이고 보편적인 이유이다.

"네 신체의 모든 것은 부모로부터 받은 것이니 상하게 하지 마라." 이 도덕 규범이 '부모로부터 받은 생명을 소중히 여기는 자세'를 훈계하는 한 그것은 경(經)줄이다. 그러나 효도의 구체적인 실천으로 머리카락조차 자르지 말라는 금지명령은 명백한 '위(緯)줄'이다. 서(書)의 영역이다.[7] 한때는 머리카락을 자르느니 차라리 자결을 택하겠다며 단발령에 목숨으로 저항한 유학자들도 있었다. 그러나 요즘에 누가 효도하겠다고 머리를 기르겠나!

시절이 바뀌면서 덩달아 바뀌는 가치는 경줄이 아니다. 그러므로 조상들의 시절에나 통하던 위줄을 지금껏 부여잡고 있는 것은 고집스럽고 어리석은 일이다. 성경의 율법서를 읽을 때도 마찬가지다. 전근대적 가족관계에 기반한 윤리나 유대인들의 음식법, 제사 규례 등은 위줄에 불과하다. 그런데도 종종 위줄에 사로잡혀 고집스러움을 경건함이나 신앙으로 착각하는 경우를 본다. 안타까운 일이고, 나아가 옳지 못한 일이다. 그렇다면 수천 년 전 남의 나라(이스라엘) 공동체의 규례인 '토라'에서 우리가 붙잡아야 하는 경줄, 변치 않는 하나님의 명령은 무엇일까?

---

7 성경이냐 성서냐로 여전히 논쟁을 벌이는 신앙 공동체나 신자들이 있다. 우리가 받은 말씀에는 경과 서의 측면이 다 있다는 것이 나의 신앙고백인데, 경줄에 해당하는 계시를 강조하여 '성경'이라고 부를 수도 있고, 위줄이 되는 부분이 있음을 상기하고자 '성서'로도 표현이 가능하다고 본다. 그러나 어느 경우로 부르든 '경'과 '서'의 한 부분을 놓치는 일은 없었으면 한다.

토라, 이스라엘 공동체가 붙잡은 교훈

> 이스라엘아 들으라 우리 하나님 여호와는 오직 유일한 여호와이시니 너는 마음을 다하고 뜻을 다하고 힘을 다하여 네 하나님 여호와를 사랑하라 오늘 내가 네게 명하는 이 말씀을 너는 마음에 새기고 네 자녀에게 부지런히 가르치며 집에 앉았을 때에든지 길을 갈 때에든지 누워 있을 때에든지 일어날 때에든지 이 말씀을 강론할 것이며 너는 또 그것을 네 손목에 매어 기호를 삼으며 네 미간에 붙여 표로 삼고 또 네 집 문설주와 바깥 문에 기록할지니라(신 6:4-9)

땅 없이, 나라 없이 수천 년을 떠돈 이스라엘 사람들을 공동체로 묶어 주던 텍스트, 토라(Torah). '모세의 율법'이라고 알려져 있으나 '훈계'라고 번역하는 것이 더 정확하다. 토라는 창세기, 출애굽기, 레위기, 민수기, 신명기의 다섯 부분으로 나뉘어 있는데 처음부터 우리가 가진 순서대로 나눈 것은 아니었다고 한다. 학자 중에는 5경에 더하여 여호수아서를 토라에 포함시키기도 한다. 이 경우에는 6경이 되는 셈인데, 여호수아서가 앞의 다섯 경전의 중요한 배경이면서 결론적 메시지를 담고 있기 때문이란다. 그러나 학자들 사이에서도 논쟁적인 편집사를 여기서 우리가 속속들이 살펴볼 필요는 없을 것 같다. 신앙의 경줄을 붙잡기 위해 우리가 집중해야 하는 것은 5경 내지는 6경이라 불리는 구약성서의 처음 책들, 다시 말해 토라가 전하는 이스라엘 공동체의 핵심적 가치이니까 말이다.

인류 문명사를 통틀어 어린 사람들, 가난한 자, 노예 그리고 여자가 경전을 기록한 적은 없었다. 그러니 제아무리 '경줄'(하나님의 보편, 초월적 계시)을 잡은 사람이라고 해도 그가 짜 내려간 위줄은 '당연히' 어른, 부자, 주인, 남자에게 유리한 도덕 지침이 많을 수밖에 없었다. 그런 점에서 히브리 경전의 정수인 '토라'는 문명사적으로도 독특한 위상을 갖는다.

히브리의 사회적 특수성에 대해서 말했거니와, 토라는 당시 고대 근동의 사회적 약자 집단이 고백한 종교 체험을 담은 경전이기 때문이다. 물론 이스라엘은 약자 집단이었지만 그중에서 글을 쓰고 편찬하는 권력을 가진 사람들은 적어도 그들 안에서는 강자였다. 즉 토라 저술자의 사회적 배치에 대해서는 중첩되는 설명이 가능하지만, 그럼에도 불구하고 전체적으로 평가할 때 히브리 경전은 현존하는 종교 경전 중에서는 유일하게 '사회적 루저들'이 받은 계시의 말씀이고, 이것이 살아남아 후대까지 전달된 텍스트라고 말할 수 있다. 당시의 제한된 지식과 지리적 배경으로서는 '전 세계'에 해당했을 메소포타미아, 시리아, 팔레스타인 그리고 이집트 전 지역을 두루 떠돌아 방랑하면서 주변 도시국가들의 틈새를 살아간 사람들, 그러다 기회가 허락되면 도시국가체제 속에서 계약 노예로, 계약 노동자로, 계약 용병으로 하루하루의 생명을 이어간 사람들의 신앙고백이니 말이다. 오죽했으면 스스로도 자신들의 조상이 "수많은 잡족"(출 12:38)이요, "방랑하는 아람 사람"(신 26:5)이었다고 밝혔을까!

토라가 최종적으로 하나의 복합물로 완성된 시점이 이스라엘 역사에서 매우 후대에 해당한다는 사실은 결코 토라의 신적 권위나 문헌적 중요도를 경감시키지 않는다. 오히려 그 반대이다. 직접 경험한 자들의 이야기가 여러 사람을 거쳐 전해지고, 시기나 상황마저 달랐음에도 한결 같은 메시지를 담고 있다면 그것이 오히려 더 신적 현존을 드러내는 기적이 아니겠냐! 그러니 아직 가나안 땅에 들어가지도 않았고 성전도 건축하기 전인데, 세세한 제사장 직분에 대한 이야기가 갓 출애굽한 모세의 율법에 나온다고 당혹해할 필요는 없다.

일반적으로 교회에서는 이 본문에 대하여 '미리' 알려주신 여호와의 섬세하고 치밀한 배려라고 말하지만, 학자들의 견해에 따르면 이는 기본 저작을 바탕으로 지속적인 편집과 재구성 작업이 진행된 결과물이다. 성전 제의에 대한 구구절절한 묘사는 적어도 예루살렘 성전이 건립되고 제사장의 역할이 생겨난 이후의 일이라는 말이다. 토라 집대성의 가장 마지막은 포로기 이후에 제사장 출신 저자들의 글(P라고 불리는 제사장 문서)이었다.[8]

8 이 책에서 굳이 편집자들의 세세한 전문 정보를 나열할 필요는 없을 것 같다. 실제로 학자들 간에도 이견이 있고, 이미 편집자가 밝혀진 본문도 더 세부적으로 쪼개거나 다른 방식의 범주화가 시도되는 마당이니 더욱 그러하다. 다만 아주 기본적인 편집 층위만을 소개하자면 소위 JEDP라고 불리는 네 개의 편집 단위가 언급된다. J로 표기되는 저자들은 구전 전승을 기록할 때 신의 이름을 '여호와'로 표기하였다고 하여 그 앞 글자를 따서 J 문서 편집자라고 부른다. 주로 요셉 집단의 전승 수호자들로 알려져 있다. E는 '엘로힘'의 앞 글자로서 '엘 로이', '엘 샤다이', '엘 엘리욘' 등 구체적이고 귀납적인 신 체험의 사건들을 원인론적으로 엮어낸 전승자로서 '엘'은 고대 근동어로 '신'을 뜻하는 바, 일찌감치 팔레스타인 지역에 점진적으로 들어와 정착한 이스라엘 초기 부족들의 이야기를 담고 있다고 한다. D는 신명기(Deuteronomy)의 앞 글자인데, 모세의 설교 모음으로 엮인 율법서의 다섯 번째 책인 신명기뿐 아니라 소위 모세 율법이라고 하는 유대교 율법들을 정리하고 편찬하였다고 보면 된다. 그리고 P는 제사장(Priest)의 앞 글자로서 성전을 잃고 바벨론 포로로 끌려간 뒤에 애통하고 반성하며 자신들의 전승을 잃지 않으려고 기록한 제사장들이 나중에 예루살렘으로 복귀하면서 본격화한 편집층이라고 보면 된다.

나는 학생 시절 이 학설을 배우며 전율했다. 토라는 자기 민족끼리도 다시 위계적이고 착취하는 사회를 만들고 결국엔 망한 이스라엘의 역사를 반성하면서, "처음을 기억하라."라고 촉구하기 위해 신앙적 위기 때마다 계속 덧붙여간 텍스트라는 말이 아닌가! 마치 지층을 관찰하며 고대인들의 삶의 흔적을 따라가듯이 토라의 본문들을 살피다 보면 이스라엘 공동체의 기승전결이 다 읽혔다. 그것이 너무 신기했고 신비롭기까지했다. 내가 이해하는 바, 토라의 가장 큰 주제는 에덴의 질서를 회복하고자 하는 열망이요 기다림이다. 인간의 잘못된 선택으로 에덴의 질서를 잃어버렸지만, 에덴은 "꿈꾸는 순수"로서[9] 우리에게 지속적인 회귀 사명을 제공하는 근원적 질서이다. 유대인들이 토라, 즉 율법으로 받은 다섯(혹은 여섯) 텍스트를 통해 계속 기억하고자 한 것은 바로 그 '근원'이 아니었을까? 그 근원(창조대로의 세계)을 이 땅에 다시 회복(혹은 완성)하기 위해 이스라엘 사람들은 토라를 밤낮없이 외우고 묵상한 것이리라.

히브리 사람들의 연대 방식,
열두 지파 종족동맹

여호수아서가 토라를 읽어내기 위한 핵심 문서라고 생각하는 학자들은 특히 24장에 나오는 '세겜 계약'에 주목한

---

9 "꿈꾸는 순수"란 역사실증주의적으로, '에덴'이 실재했느냐는 크게 중요하지 않다는 기독교 실존주의자 파울 틸리히(Paul Tillich)의 주장이 담긴 개념어이다. 정말 중요한 것은 이런 에덴이 처음의 질서였고 돌아가야 할 질서, 회복해야 할 '그때'라고 믿고 있는 현재의 사람들, 그들의 실존이라는 말이다. 그 믿음이 현재를 살아가는 사람들에게 의미를 부여하고 삶의 기준과 태도를 형성하게 만들며, 미래를 희망하게 만들기 때문에 힘을 갖는다는 것이다.

다. 세겜에 모인 이스라엘 모든 부족이 여호와 신앙을 중심으로 하나의 공동체로서 연대적 삶을 살아가기로 계약을 체결하는 장면 말이다.

> 그러므로 이제는 여호와를 경외하며 온전함과 진실함으로 그를 섬기라 너희의 조상들이 강 저쪽과 애굽에서 섬기던 신들을 치워 버리고 여호와만 섬기라 만일 여호와를 섬기는 것이 너희에게 좋지 않게 보이거든 너희 조상들이 강 저쪽에서 섬기던 신들이든지 또는 너희가 거주하는 땅에 있는 아모리 족속의 신들이든지 너희가 섬길 자를 오늘 택하라 오직 나와 내 집은 여호와를 섬기겠노라 하니 백성이 대답하여 이르되 우리가 결단코 여호와를 버리고 다른 신들을 섬기기를 하지 아니하오리니 이는 우리 하나님 여호와께서 친히 우리와 우리 조상들을 인도하여 애굽 땅 종 되었던 집에서 올라오게 하시고 우리 목전에서 그 큰 이적들을 행하시고 우리가 행한 모든 길과 우리가 지나온 모든 백성들 중에서 우리를 보호하셨음이며 여호와께서 또 모든 백성들과 이 땅에 거주하던 아모리 족속을 우리 앞에서 쫓아내셨음이라 그러므로 우리도 여호와를 섬기리니 그는 우리 하나님이심이니이다 하니라(수 24:14-18)

아니, 기껏 산전수전 다 겪으며 함께 이집트를 탈출하고 험한 광야생활을 경험하며 여호와 하나님의 현존과 놀라운 능력을 체험했는데, 이제 와서 뭘 새삼스럽게 '어느 신을 믿을 것인지' 다시 택하라는 것일까? 이런 합리적 의심 덕분에 학자 중에는 이 세겜 계약이 이스라엘 종족동맹의 최종 형태를 담은 '결론'이라고 보는 사람도 있다. 하지만 처음부터 맺은 계약이든, 마지막 형태의 묘사이든 이 본문 안에는 이스라엘 공동체를 구성한 부족들의 실재적 삶이 엿보인다.

'이스라엘'이라는 이름을 받은 야곱의 열두 아들, 그들의 이름 그대로 지파의 이름이 된 열두 부족의 구성원들이 모두 이집트 탈출기와 광야생활을 경험했다면, 또다시 신을 선택하는 계약은 필요 없었을 것이다. 세겜 계약의 텍스트에는 '강 저쪽에서' 다른 신을 섬기던 사람들, 이집트에서 강요된 노예생활을 하던 사람들, 그리고 문맥상 아모리 족속과 꽤 오래 공존하던 사람들의 모습이 오롯이 드러난다.[10] 즉 초기 이스라엘 공동체의 구성원들이 모두 처음부터 단일한 그룹으로 창세기에서 신명기까지의 이스라엘 모든 역사를 다 함께 겪은 것은 아니었다는 말이다.

실은 이리 보아야 자꾸 가나안적인 습속을 따라가던 이스라엘 백성의 선택이 이해가 간다. 닭도 아니고, 여호와의 역사에 함께한 이스라엘이 어쩌자고 낯선 땅 낯선 신들의 이름과 능력에 그리 쉽게 사로잡히겠나. 하여 이스라엘도 실은 '복합체'였다는 것이 역사비평을 하는 학자들의 중론이다.

초기 이스라엘 구성원 중에는 생계 노동을 하면서 팔레스타인 땅에 들어가 오랜 기간에 걸쳐 천천히 정착한 사람들, 그래서 가나안적인 습속이 몸에 밴 부족들도 있었다. 물론 가나안에서 성공적인 삶을 살던 사람들은 아니었다. 계약 농부들이 많았고 주인에게 세금을 낼 형편이 되

---

10 논란의 여지가 있을 수 있는 이 가설의 복잡한 논쟁을 간략화하면 이러하다. "이스라엘은 고대 근동 바빌로니아 상부부터 팔레스타인에 이르는 지역을 천여 년 넘게 방랑하며 주변부를 살아가던 사람들 중에 가나안 지역의 체제에서 종살이나 부당한 사회적 처우를 피하여 중부 산간지대로 '나간' 사람들과, 이집트제국의 강제노역에서 탈출하여 팔레스타인으로 '들어온' 이들이 만나 이룬 혼종집단인 셈이다."[백소영, "중다한 잡족 이스라엘의 사회적 상상력과 그 21세기적 함의", 「탈경계 인문학」 4권 2호 (2011): 86]

지 않아 수확철이 되면 목숨을 부지하기 위해 산중으로 도망쳐야 하는 '사회적 루저들'이었다. 이들은 긴박하게 이집트를 탈출하여 팔레스타인 산중턱에 정착한 사람들에게서 여호와가 어떤 이들의 편에 서시는 하나님이신지 들었고, '여호와 전쟁'에 함께하는 동안 직접 그분의 능력을 경험했다. 성실한 땀과 노동의 결과를 빼앗기지 않으려는 전쟁, 사람답게 살기 위한 싸움에 늘 앞장서서 보호하신 여호와를 경험하며 어느덧 함께 연대하기로 결심한 부족동맹이 이스라엘 열두 지파였다는 말이다.

사회적 약자들의 연대 기반,
여호와의 훈계

이스라엘의 신앙과 생활윤리가 되는 오경 법전이 현재 상태로 완성된 것은 바벨론 포로기 이후(기원전 5세기)라 하여도 그 원자료들은 이미 이스라엘 공동체의 출발부터 공유하던 신앙체계였다고 학자들은 말한다. 이들의 법전에서 가장 뚜렷한 메시지는 사회적 약자를 향한 여호와의 관심이다. 토라는 여호와께서 주신 이스라엘 공동체의 훈계를 시작하며 제일 먼저 노예를 자유롭게 하는 의무에 대해 말한다. 또한 노동을 위하여 일꾼을 쓰더라도 일주일 중 하루는 '숨을 돌리는 날'로 거룩하게 구별할 것을 당부한다. "너는 엿새 동안에 네 일을 하고 일곱째 날에는 쉬라 네 소와 나귀가 쉴 것이며 네 여종의 자식과 나그네가 숨을 돌리리라."(출 23:12)

나중에 훈계가 법적 강제성을 가지게 되고 성전 중심의 제사장 권력을 강화하는 안식법으로 굳어지면서 의인과 죄인을 가르게 된 것은, 그야말로 모든 피조물이 '숨'을 돌리기 원하시는 창조주의 사랑, 다시 말해 안식법의 경줄을 쏙 빼버린 것이다. 그래서 예수께서는 안식일에도 사람을 살리는 일(노동)을 하시며 그 정신을 다시 되돌리려고 하신 것이다. 7년마다 땅을 쉬게 하는 목적에는 땅을 쉬게 하는 것만 포함된 것이 아니었다. 가난한 사람들에게 이삭을 주울 기회를 주기 위함이라는 배려는 배를 곯아보지 않은 사람은 미처 헤아리기 힘든 것이다. 고아와 과부들의 생계를 위해서 추수 밭에 이삭을 남겨두고, 포도밭과 올리브 밭의 열매도 싹싹 다 따버리지 말고 어느 정도는 남겨두라고 하는 것까지, 이들이 받은 '하나님의 계명'에는 현재의 제도적 삶에서 승승장구할 힘을 가지지 못한 사람들이 생존할 여지와 희망을 주는 내용으로 채워져 있었다.

"너는 네 이웃을 억압하지 말며 착취하지 말며 품꾼의 삯을 아침까지 밤새도록 네게 두지 말라."(레 19:13) 품삯을 제때 받아야만 가족의 생존과 당장 급한 지불을 감당할 수 있는 일용직 노동자의 설움을 겪은 이들은 여호와께서 내리신 이 명령에 고개를 끄덕이며 함께 연대할 수 있었다. "이웃과 형제가 가난하게 되어 곁에 머문다면 그를 도와 거류민이나 동거인처럼 함께 생활해야 하며 결코 이자를 받고 돈이나 양식을 꾸어 주어서는 안 된다."(레 25:35-37) "그가 너무 가난하여 자신의 노동력을 팔아야 하는 상황이 되어 스스로 종이 된다면 그를 종으로 여기지 말고 함께 동거하는 이로 대하되 희년이 되어서는 무조건 자유롭게 하라."(레 25:39-41)

이런 훈계의 구체적인 구절이 끝날 때마다 여호와는 '종들을 해방시킨 하나님'으로 계속 자신을 설명하신다. 무엇보다 지금 종 된 사람들에게 너그러워야 하는 이유로 이스라엘이 예전에 종 되었던 치욕과 고통을 기억하라고 말씀하신다. "그들은 내가 애굽 땅에서 인도하여 낸 내 종들이니 종으로 팔지 말 것이라."(레 25:42) "나는 …애굽 땅에서 너희를 인도하여 낸 너희의 하나님 여호와이니라."(레 25:38) "너는 애굽 땅에서 종 되었던 것과 네 하나님 여호와께서 너를 속량하셨음을 기억하라."(신 15:15) 여호와의 훈계는 강하고 명료했다. "너희를 종으로 창조하지 않았다. 종으로 살라 하지도 않았다. 그러나 인간의 약함과 악함 때문에 만들어지는 위계적 삶에서 어쩔 수 없이 종 되는 자들을 향해 가능한 네가 줄 수 있는 복과 은혜를 베풀며 살아라." 이것이 창조주 여호와의 훈계이다. 길고 긴 율법의 핵심은 이것이 아니었을까?

무엇보다 그 법전은 약자들의 의미와 시각이 계속 더하여지는 방식으로 개정되고 확장되었다. 민수기 27장에는 슬로브핫의 다섯 딸이 토지 상속의 권한을 아들들에게만 허락하는 모세의 율법에 반기를 든 기록이 나온다. "어찌하여 아들이 없다고 우리 아버지의 이름이 그의 종족 중에서 삭제되리이까 우리 아버지의 형제 중에서 우리에게 기업을 주소서."(27:4) 여호와께 아뢴 모세는 신의 답을 가지고 이스라엘 회중에게 공표한다. "슬로브핫 딸들의 말이 옳으니 너는 반드시 그들의 아버지의 형제 중에서 그들에게 기업을 주어 받게 하되 그들의 아버지의 기업을 그들에게 돌릴지니라."(7절)

설마 여호와께서 단 한 번에 완성된 율법을 제시하실 능력이 없으셔서 훈계의 내용이 개정되고 확장되었겠는가. 하나님께서는 늘 우리에게 계시하신다. 다만 인간의 깨달음에 한계가 있을 따름이다. 그동안 역사의 강자들이 받지 못한 계시의 말씀을 약자인 이스라엘이 받는 인식론적 특권을 가졌던 것이고, 그것이 이스라엘의 율법, 토라가 되었다. 그리고 그 이스라엘 안에서도 약자 중의 약자인 여자들의 목소리가 더해지자 모세의 상속법은 그만큼 또 약자들을 위한 지평을 넓혀나간 것이다. 그렇다면 여호와의 훈계는 계속해서 지평을 넓히고 개정되어야 하는 법이 아닐까? 공동체 안에서 한 번도 들려지지 않은 이들의 목소리, 그들이 만난 하나님에 대한 신앙과 고백을 더하는 방식으로 말이다. 토라는 언제나 하나의 공동지향성, 즉 사회적 약자들을 살피시고 보호하시는 여호와를 담는 방식으로 확장되기에….

II

구약 공동체의 신앙고백

05

왕 되신 하나님의 선물, 카리스마

'미투'(MeToo) 운동이 시작되고부터 오래 묵은 성폭력의 상처가 공적으로 드러나고, 사회는 이를 범죄 사건으로 다루고 있다. 이후 유명 인사들의 순간적인 몰락과 죽음 등으로 우리 사회가 계속 들썩인다. 이제야 논의되는 것이 슬프지만, 이제라도 논의되니 다행이라고 해야 하나. 5,000년 가부장 역사 속에 여성에 대한 남성 응시가 폭력적이었음은 어제오늘의 일이 아니다. 오죽했으면 예수께서도 여성을 바라보는 응시에 대해 "상대방의 동의 없이 만지거나 안는 것은 물론 음욕을 가지고 바라보는 것조차 '간음'이다."라고 말씀을 하셨겠는가! "차라리 눈과 손을 없앨지언정 사람을 사람으로 바라보고 인격적으로 존중하라. 그렇지 않으면 천국에 들어갈 수 없다."(마 5:27-30 참조) 이는 물론 엄중한 금지명령이지만, 여성에 대한 폭력적 응시와 행동이 어디서나 용인되는 아주 오랜 일상이었음을 반증하는 본문이다. 그나마 공적 목소리로 '피해자'(성폭력 생존자)들의 목소리를 모을 수 있는 것도

21세기이니 가능한 것이다. 여성이 재생산 도구나 성적 대상으로만 존재하지 않게 된 시절, 다시 말해 한 시민 주체로서 그리고 전문가 개인으로서 능력과 권리를 갖게 된 시절이니 그 오랜 문화적 관성에 반기라도 들 수 있게 되었다는 말이다.

그런데 이상하게도 오래전 예수님의 교훈을 통해 이런 응시와 행동을 일찌감치 그쳤어야 할 교계는 아직까지 폭로조차 쉽지 않거니와, 그 이후 과정에서 오히려 피해자가 마음과 인격을 더 다치는 사례가 빈번하다. 사건을 무마하려는 교회나 기독교 단체의 목소리는 매한가지다. 공동체를 지킨다는 '대의'를 위해 '작은 일'은 덮고 가자는 것. 더구나 빠짐없이 등장하는 변은 해당 지도자가 공동체나 조직을 위해 그동안 해온 혁혁한 공헌을 들먹이는 것이다. 우리 교회를, 청년부 조직을, 이 단체를 30배, 60배, 100배로 성장시킨 '카리스마' 넘치는 지도자이기에 그가 없이는 조직이 와해되고 공동체가 흩어진다고 말이다.

그렇다. 기독교 교회와 단체들은 대부분 법으로 명시된 관료제적 관계보다 오히려 카리스마적 관계망으로 운영되고 유지되는 경향이 강하다. 종교사회학자 막스 베버(Max Weber)는 사람들이 지배정당성을 인정하는 양식을 크게 셋으로 나누었다. 전통 지배 유형, 법 지배 유형, 그리고 카리스마 지배 유형이다.[1] '전통 지배 유형'은 구성원들이 속한 공

1 막스 베버의 『경제와 사회』(박성환 옮김, 서울: 문학과지성사, 1997; 2012) 1권 제3장에는 지배정당성의 개념과 지배 유형이 상세하게 설명되어 있다. 본문에서 요약한 정보보다 더 상세한 유형적 특징을 공부하고자 한다면, 정당한 지배의 세 가지 순수한 유형인 합리적·전통적·카리스마적 지배 유형에 대한 개요(412-14), 관료제적 행정 간부를 갖춘 합법적 지배 유형의 특성(414-26), 원로제·가부장제·가산제·신분제 등의 전통적 지배 유형의 특성(427-48), 카리스마 지배 유형의 특성과 공동체적 결합 양상, 일상화의 결과(449-68)를 참조하라.

동체의 전통이 지배정당성을 부여하는 인물, 즉 왕, 사제, 아버지, 남자 등이 통치권을 갖는 경우이다. 물론 '전통적' 지배정당성은 이제 '제도적'으로는 끝났다. 오늘날 현대 시민사회는 '법 지배정당성'으로 운영된다. 그러니 공헌이고 뭐고 범법한 행위 하나로 자리를 잃고 형벌을 받는 것 아닌가. '카리스마 지배정당성'은 그 사람이 특별히 법적 지위를 가진 것도 아니고 전통이 부여한 통치권을 가지고 있지도 않은데, 그럼에도 불구하고 그의 말과 행동에 카리스마가 넘쳐서 그를 따를 수밖에 없는 지배 유형을 말한다.

예수께서 가지신 지배정당성이 바로 이 유형이다. 그분은 유명 정치가나 제사장 가문의 아들이 아니었다. 학벌이 뛰어나거나 돈과 명예를 가진 존재도 아니었다. 가난한 목수의 아들, 그러나 그분에게는 타인과 비교 불가능한 카리스마가 있었다. 카리스마는 '하나님께서 부여해주신 특별한 능력'이라는 의미이다. 그 능력 때문에 사람들은 예수님을 따랐다.

예수께서 그러하셨듯이 카리스마를 가진 사람이 하나님 안에 거한다면 무엇이 문제이겠나. 카리스마를 가진 사람들은 종종 현행법을 거스르는 행동을 한다. 예수께서 안식법을 뛰어넘으셨듯이 말이다. 그러나 그것은 현행법이 사람들을 옥죄는 상황에서 보다 큰 법, 즉 생명을 살리고 모든 생명이 숨을 돌리기 원하시는 하나님의 법을 따르기 위함이었다. 이를 위해 사용된 예수님의 카리스마는 감사한 능력일 따름이다. 하지만 만약에 말씀을 전하고 청중을 휘어잡는 카리스마를 가지고 있는 지도자가 이미 그의 인격에 사로잡힌 추종자들을 상대로 부당한 요구나 행동을 하게 될 때는 어찌해야 하나? 예를 들어 소위 통념과 현행법을 뛰어넘으면서 카리스마 넘치는 언변으로 묘하게 설득하며 성폭행을 일삼는다면?

한국에도 번역된 『야수의 송곳니를 뽑다』에서도 언급되었지만, 세계적인 기독교 평화신학자였던 존 하워드 요더(John H. Yoder)의 경우도 이런 사례였다.[2] 요더는 천재적 머리와 논리적이고 재치 넘치는 언변으로 메노나이트 평화신학을 종합하고 대중화한 스타였다. 그래서 그의 카리스마에 압도된 많은 여성들은 혼란스러웠을 것이다. 그가 교회 공동체로 사는 그리스도인들의 '친밀성'을 실험하는 과정이라며 은밀히 저지른 성추행과 성폭력을 어찌 해석해야 할지.[3] 많은 경우 목회자들의 리더십이 이렇게 '카리스마적 지배정당성'의 구조 안에서 수행되고 받아들여지기 때문에 그들의 추행은 법을 적용하기가 어렵다.

---

2 예수께서 전하신 복음의 급진적 내용과 순수한 형식을 그대로 살아내고자 노력한 개혁적 종파인 메노나이트파 신앙 공동체가 자신들의 치부를 이렇게 철저하게 조사하고 공론화하고 그 자료를 출판물로 만드는 것은 쉬운 일이 아니었을 것이다. 요더 사후에 출판되었다 해도 이는 여전히 그러하다. 하지만 이러한 출판물을 단행한 것은 분명한 의지를 시사한다. 다시는 이런 악한 일이 이 공동체는 물론이고 기독교 신앙의 이름으로 어느 교회 안에서도 반복되지 않아야 한다는 것이다. 그 결단과 의도와 메시지를 알기에 일독을 권한다. 한글 번역본은 2018년 대장간 출판사에서 출간되었다.

3 그의 신학적 그루밍은 '거룩한 신비'라는 성도들의 연합을 성적으로 포장하는 방식으로 진행되었다. 보다 친밀하고 특별한 관계에 있는 신도들과 실험적으로 진행해보는 거룩한 실험이라면서 요더는 사적 편지로 그를 추종하는 여성들을 매혹했다. 그는 '자연스러운 인사와 환영으로서의 피상적인 접촉'부터 '손깍지, 포옹, 간단한 키스'가 전혀 성적 흥분 없이 거룩한 친밀성을 표현할 수 있다면(성서에 적힌 대로), 성도들은 '야수의 송곳니', 즉 성적 광기를 제거하고서 오직 성도들 간의 거룩한 친밀성을 느끼기 위해 보다 더 친밀한 행동, 예를 들어 '무릎에 올라 앉아서 좀 더 깊게 하는 키스', '부분적으로 옷을 벗고 하는 접촉', '완전히 옷을 벗고 하는 접촉', '남녀 성기에 대한 구체적인 접촉', '부분적/순간발기/중단에 대한 탐험'도 가능하다고(위의 책, 21) 주장했다.

카리스마,
오기도 하고 떠나기도 하는
하나님의 선물

도대체 그 '카리스마'는 특별한 사람에게만 오는 선물인가? 그 사람이 잘못해도 지배정당성을 인정해야 할 만큼? 사울의 카리스마는 우리에게 이 질문에 대한 답의 실마리를 준다.

> 사울이 이 말을 들을 때에 하나님의 영에게 크게 감동되매 그의 노가 크게 일어나 한 겨리의 소를 잡아 각을 뜨고 전령들의 손으로 그것을 이스라엘 모든 지역에 두루 보내어 이르되 누구든지 나와서 사울과 사무엘을 따르지 아니하면 그의 소들도 이와 같이 하리라 하였더니 여호와의 두려움이 백성에게 임하매 그들이 한 사람같이 나온지라(삼상 11:6-7)

암몬 사람들이 이스라엘을 모욕하며 목숨을 위협하는 상황에서 사울이 공동체를 구원하는 싸움을 이끌기로 결심한 계기에 대해 성경은 "하나님의 영에게 크게 감동되었기" 때문이라고 묘사한다. 소를 몰고 밭을 갈던 평범한 촌부가 무슨 배짱에 홀연히 전사로 나섰겠나. 암몬 사람들에게 무력으로 당하게 된 상황에 온 백성이 울며 애통하는 모습을 그냥 지나치지 못한 것은 하나님의 영에게 감동하지 않았다면 어려웠다는 말이다. 어디 그뿐인가? 그의 카리스마 넘치는 호소 덕분에 "이스라엘 자손 삼십만 명, 유다 사람 삼만 명"이 무기나 군사력의 열세에도 불구하고 함께 싸우겠다고 나섰다. 이날 대승을 거둔 사울은 철기 무기를 앞세워 공동체를 위협하는 적들을 두려워하던 이스라엘 백성에 의해 왕으로 추대되기에 이른다. 물론 형식은 사무엘이 여호와 앞에서 화목제를 드리며 왕으로 삼는 종교 제의를 통해서였다. 그날 승세를 몰아 평소 자신이 왕이 되는 것을 반대하던 사람들을 제거하자는 추종자들의 살육 분위기가 조성되었으나, 카리스마에 사로잡힌 사울은 이들을 말린다. "이 날에는 사람을 죽이지 못하리니 여호와께서 오늘 이스라엘 중에 구원을 베푸셨음이니라."(삼상 11:13)

그러나 사무엘서 기자는 사울이 왕으로 등극하자마자 그와 함께하던 하나님의 영이 그를 '떠났다'고 기록한다. "여호와의 영이 사울에게서 떠나고 여호와께서 부리시는 악령이 그를 번뇌하게 한지라."(삼상 16:14) 기록자는 사울에게서 여호와의 영이 떠난 시점을 어찌 알 수 있었을까? 만약 여호와의 영이 절대 주권을 가지고 한 사람을 선택하여 그 안에 거하기도 하고 떠나기도 한다면, 버려지는 사람이야 아무 잘못이 없다. 그러나 하나님의 영은 개인이 전 존재로 그 영을 받기 전에는 사람에게 들어올 수 없다. 그럴 능력이 없어서가 아니라 인간을 그리 만드셨기 때문이다. 자유의지를 가지고 하나님의 영을 받는 수행성을 가진 존재로!

그래서 마음이 완악한 이집트의 왕은 모세가 전하는 하나님의 구원 메시지를 들을 수 없었다. 자기 답으로 가득 차서 외부와 소통케 하는 존재의 숨구멍을 꽉 막고 있었기 때문이다. 또한 마음이 너무 상해 있던 이스라엘 백성도 모세가 전하는 기쁜 소식을 제대로 받아들이지 못했다. 자기를 지탱할 힘을 갖고 있지 못한 사람들도 하나님의 영을 온전히 받기 힘들다. 교만한 자와 자기를 포기한 자, 이들은 하나님의 영을 제대로 받아들이지 못한다는 말인데, 결국 하나님의 영이 한 개인에게 임하여 행하는 놀라운 능력은 하나님과 인간의 '콜라보'인 셈이다. 이를 가능케 하는 사람의 존재론적 능력을 나는 '존재의 기공성'(Porosity of Being)이라는 말로 표현한다.[4] 즉 하나님과 이웃을 향하여 자기 존재를 연 사람만이 하나님의 영을 받고 자신의 카리스마를 이웃을 향해 선하게 사용할 수 있다는 말이다.

필시 사울도 하나님을 사모하는 개인으로서 공동체가 당한 위기를 보며 울분을 금치 못했을 것이다. 하나님의 탄식과 공동체의 한숨이 그에게로 흘러 들어왔기 때문이다. 그리고 그의 공분을 보신 하나님의 영이 그를 '사사'로 동기부여하셨을 것이다. 이런 콜라보의 결과는 언제나 '구원'이었다. 하지만 제아무리 '하나님의 영이 나에게 이렇게 하라고 시키셨다.'라고 정당화를 해도 그 결과가 누군가의 자유 영혼을 옥죄고 육신의 생명을 침범한다면 그것은 결코 하나님의 영과 동행하는 일이라 할 수 없다. 사울이 하나님의 명령을 어기고 다윗을 질투하여 그를 없애려고 할 무렵, 이런 행동을 본 사람들은 필시 알았을 것이다. 아, 하나님의

---

4 '존재의 숨구멍', '존재의 기공성'이라는 개념어를 생각하게 된 데에는 매우 슬픈 사건이 있었다. 2014년 4월 16일, 대한민국 사람이라면 모두 다 아는 바로 그 사건이다. 처음에 나는 매체의 보도대로 모두가 다 구출된 줄 알았다. '에어포켓'을 말하며 생존 가능성을 말하던 다음 날도, 그다음 날도 나는 기도만 했다. 그런데 3일째 되던 날, 나는 밤새 숨이 막혀 잠을 잘 수도, 일어날 수도, 앉을 수도, 누울 수도 없어 그저 데굴데굴 굴렀다. 그야말로 숨을 쉴 수가 없었다. 답답하고 무서웠다. 그러다 문득, 그냥 깨달았다. "아, 배 안의 아이들이 다 죽었구나." 어느 시점까지 살아 있었는지 나는 모른다. 아직 명백히 밝혀지지도 않았다. 하지만 그날 밤새 내가 경험한 그 이상하고도 슬픈 체험을 설명하려고 이후 수많은 기도와 생각을 했다. 이것은 무엇이지? 그러다가 떠오른 단어가 바로 '존재의 숨구멍' 혹은 '존재의 기공성'이다. 모든 생명체는 하나님의 거룩한 숨을 담고 있다는 것, 그리고 그 숨은 내 안에 꼭꼭 갇혀 있는 것이 아니라 호흡을 통해, 즉 들숨과 날숨을 통해 외부와 소통한다는 것, 그 단순한 진리를 가장 비극적으로 깨달은 것이다. 성난 파도와 칠흑 같은 어둠 속에서 공포스럽고 고통스럽게 내쉰 마지막 숨들이, 그렇게 내 안으로도 들어온 것이다.

영이 더는 그와 함께하지 않는구나! 그러니 한 개인이 '카리스마 넘치는 말씀과 사역'의 존재였더라도, 그가 한 영혼을 상하게 하였다면 그는 이미 하나님의 영과 동행하는 자가 아니다.

여호와만이 우리의 왕 되십니다

사실 카리스마는 모두가 '타고나는 것'이다. 하나님은 모든 생명에게 특별한 재능을 선물로 주셨기 때문이다. 사사 기드온이 하나님으로부터 받은 카리스마는 '지략'이었다. 기드온은 타고난 선물인 지략을 사용하여 미디안 사람들의 침탈로부터 자신의 소유를 지켜냈다. 밀을 포도주 틀에서 타작하는 주도면밀함을 보인 것(삿 6:11)만 봐도 알 수 있다. 밀 수확철에 몰려 들어온 미디안 사람들이라면 당연히 밀 타작기 안을 살피지 않겠는가. 하지만 기드온은 제철이 아닌 포도주 틀에서 몰래 밀을 타작하여 제 식구를 먹여 살렸다. 그는 미디안 사람들을 가만히 두시는 하나님에 대한 의문이나 불만도 있었던 것 같다. 그러니 여호와의 부르심을 받았을 때 '당돌하게' 조상들을 구원하신 하나님이 왜 우리는 구원하시지 않느냐고 물었겠지. 그러나 '하나님의 영'을 받기 전까지 기드온은 타고난 지략(하나님이 주신 재능)을 오직 자신과 자기 가족을 위해서만 사용했다. 나 하나 먹고 살기도 어려운 시절에 공동체적 구원을 위해 나서는 것은 오지랖이라고 생각했을 수도 있다. 주도면밀하고 신중한 사람들은 대개 성향이 그러하니까. 그런데 하나님의 영이 임하자 그는 비로소 결단한다.(물론 신중한 그답게 양털을 가지고 이틀이나 하나님과 씨름하기는 했다.)

사사란 그런 사람들이다. 타고난 재능을 공동체를 위해 사용하도록 하나님의 영에 의해 동기부여된 사람들. 학자들은 '사사기'의 이야기가 율법서보다 훨씬 먼저 기록되었을 것이라고 본다. 신학화 작업과 신앙 고백적 체계화가 담긴 율법서보다 직접 살아낸 생생한 기억을 기록하는 것이 선행했다는 말이다. 이스라엘은 약 200년간(1220-1020 BCE) 사사 제도를 채택하여 살았다. 자기 이름을 높이기 위해 성벽을 쌓고 피라미드 사회를 공고히 하는 삶에 진절머리가 났으니까. 같은 사람임에도 높이 있는 자가 약하고 힘없는 사람들을 억압하고 착취하던 이집트와 메소포타미아 문명이 싫어서, 거기서 '나와' 해방과 자유를 약속하신 여호와 하나님을 믿고 가나안에 도착한 이들이 이스라엘이었다. 그런데 어찌 또 인간-왕을 세워 한 가문을 귀하게 높이고 다시 위계적 살림살이를 만들겠나! 그리하여 상비군도, 행정체제도 없이 지내자 했다. 하나님이 허락하신 생업에 충실히 임하며 살다가 공동체가 위기에 처하면 하나님이 일으켜 세우시는 카리스마적 지도자를 따라 방어하는 방식으로 삶을 이어갔다. 그것이 사사제도이다. 물론 인간적인 기준으로는 다소 불안할 수 있는 제도였다. 하나님께서 사사를 세우지 않으시면 어쩌나? 하지만 이스라엘은 굳게 믿었다. 이스라엘이 여호와의 뜻대로 사는 한, 언제나 여호와는 사사를, 즉 카리스마적 지도자를 내려주실 것이라고.

그런데 그들이 놓친 한 가지가 있다. 그 사사는 나도 너도 될 수 있다는 사실이다. 당시는 무력 전쟁의 요구가 커서 전쟁을 이끌 만한 지도자적 자질이 높이 평가받은 것이겠지만, 카리스마는 다양하며 모두에게 '이미' 부여되어 있다. 다만 깨닫지 못한 것일 뿐…. 왕정 시대를 긍정하는 역사가는 사사기를 마무리하며 마지막에 자신의 해석을 더했다. "그때에 이스라엘에 왕이 없으므로 사람이 각기 자기의 소견에 옳은 대로 행하였더라."(삿 21:25) 사사 시대를 마치 혼란과 불신앙의 시대인 듯 결론 내린 것이다. 하지만 사실 그 시절은 오직 여호와만을 왕으로 여겼기에 가능했던 공동체적 살림이었다. 비록 늘 신념과 신앙대로 제도가 작동하지는 않았겠지만, 그래도 여호와 신앙으로'만' 살고자 한 시절이다. "여호와만이 우리의 왕 되십니다." 이렇게 고백하는 것은 무슨 의미일까? 군주제를 거부한 초기 이스라엘 공동체에게 '여호와-왕 사상'은 사람들 사이의 평등한 관계를 담보하는 믿음이었다. 사람끼리 군림하고 지배하며, 무릎 꿇고 종속당하는 위계를 막는 근거가 '왕 되신 여호와'라는 신앙고백 안에 있었다는 말이다.

그런데 200년쯤 흐르자 불안했던 이스라엘 후손들은 '카리스마'를 특정 인간, 특정 가문에 항구적으로 '가두려고' 했다. 기드온은 '인간-왕'이 되어달라고 부탁받은 첫 사사였다. "내가 너희를 다스리지 아니하겠고 나의 아들도 너희를 다스리지 아니할 것이요 여호와께서 너희를 다스리시리라."(삿 8:23) 비록 이렇게 '여호와-왕' 신앙을 고백했지만, 그는 '아슬아슬'했다. 가까스로 거절한 통치권이 못내 아쉬웠는지 금 에봇을 만들어 자기 집 안에 두었다. 에봇이 무엇인가? 종교적 상징을 담은 거룩한 옷이다. 백성들이 헌납한 금으로 만든 옷이니 보기만 해도 번쩍번쩍했으리라. 덕분에 기드온 집안의 권위는 더욱 높아졌다. 하지만 '카리스마'가 어찌 그런 '금 옷'에 갇힐까. 성경에도 기록되어 있듯 그 금 에봇은 기드온 가문에 '덫'이 되었다.

기드온이 죽자 그의 아들들은 제각각 왕 노릇을 하였다. 그럴 만도 한 것이, 자라며 본 것이 집 안의 금 에봇이요, 모두가 두려움과 존경으로 아버지께 굽신거리는 모습이었을 테니. 그러나 아들들 모두 아버지가 가졌던 카리스마의 근원을 알지 못한 것 같다. 그래서 그들은 저마다 왕 노릇을 하려고만 했다. 권력은 부자간에도 나누는 법이 아니라는데, 하물며 형제간일까. 최후 승리는 아비멜렉인 듯했다. 그는 한날한시에 형제들을 다 때려죽이고 스스로 인간-왕이 되었다. 유일하게 살아남았다가 훗날 돌아와서 형의 반(反)하나님적 행태를 고발하고 이스라엘의 공동체적 비전을 노래한 이는 기드온의 막내아들 '요담'이었다. 이스라엘이 여호와를 만나던 공간인 그리심 산꼭대기에 올라 요담은 이스라엘 공동체를 향해 목소리를 높여 외쳤다.

> 세겜 사람들아 내 말을 들으라 그리하여야 하나님이 너희의 말을 들으시리라 하루는 나무들이 나가서 기름을 부어 자신들 위에 왕으로 삼으려 하여 감람나무에게 이르되 너는 우리 위에 왕이 되라 하매 감람나무가 그들에게 이르되 내게 있는 나의 기름은 하나님과 사람을 영화롭게 하나니 내가 어찌 그것을 버리고 가서 나무들 위에 우쭐대리요 한지라 나무들이 또 무화과나무에게 이르되 너는 와서 우리 위에 왕이 되라 하매 무화과 나무가 그들에게 이르되 나의 단 것과 나의 아름다운 열매를 내가 어찌 버리고 가서 나무들 위에 우쭐대리요 한지라 나무들이 또 포도나무에게 이르되 너는 와서 우리 위에 왕이 되라 하매 포도나무가 그들에게 이르되 하나님과 사람을 기쁘게 하는 내 포도주를 내가 어찌 버리고 가서 나무들 위에 우쭐대리요 한지라 이에 모든 나무가 가시나무에게 이르되 너는 와서 우리 위에 왕이 되라 하매 가시나무가 나무들에게 이르되 만일 너희가 참으로 내게 기름을 부어 너희 위에 왕으로 삼겠거늘 와서 내 그늘에 피하라 그리하지 아니하면 불이 가시나무에서 나와서 레바논의 백향목을 사를 것이니라 하였느니라(삿 9:7-15)

우화 형태로 전달한 요담의 선언에서 감람나무는 좋은 기름으로, 무화과나무는 아름답고 단 열매로, 포도나무는 풍미 좋은 포도주로 하나님과 사람들을 기쁘게 하는 삶을 선택한다. 자신들이 받은 재능(카리스마)을 공적으로 사용하되 권력을 독점하는 왕이 되기를 거절한다. 사람 위에 올라 우쭐거리는 '헛짓'은 도무지 관심이 없는 삶, 그저 여호와께서 나에게 주신 '타고난 카리스마'를 잘 활용하여 이웃에게 유익이 되는 삶, 그것이 초기 이스라엘이 원하던 공동체적 삶이었다.

모두에게 내리는 카리스마,
서로의 권위로 성장하는 교회

그렇다. 감람나무와 무화과나무 그리고 포도나무처럼 모든 피조물은 하나님으로부터 개별적인 '카리스마'를 선물로 받았다. 권위의 위계가 확고하던 시절에 이웃 나라들의 군주제를 본받지 않고 하나님의 영을 통치 근거로 고백한 이스라엘 초기 공동체의 삶은 너무나 계시적이다. 다만 인간의 상상력은 시대를 완전히 뛰어넘기 힘든 법이라 공동체의 지도자는 하나라고 전제한 까닭에 막상 자신들이 가진 '카리스마'를 깨닫지 못했을 뿐. 그러나 우리는 예수께서 직접 본을 보이시고 약속하신 '성령의 시대'를 산다. 예언자 요엘이 노래한, "하나님의 영이 만민에게 부어진"(욜 2:28 참조) 시절이다. 하나님께로부터 받은 나의 재능이 설령 '가시나무'라면 어떤가. 군림할 생각 말고 양들을 지키는 울타리가 될 생각을 했다면, 자기 그릇도 모르고 설친 아비멜렉으로 인한 공동체의 비극은 일어나지 않았을 것이다.

권위를 뜻하는 라틴어 '아우게레'(augere)는 성장하는 데 동력이 되는 힘을 의미한다. 이 힘이 '하나님의 영'으로부터 나온다고 고백하는 한, 권위는 하나님의 영을 받는 모두가 나눌 수 있다. 이를 인정해야 신앙인이다. 이제는 세상도 개인의 전문성에 따라 권위를 나누는 시절인데, 이러한 때에 어느 조직보다 더 완고하게 한 개인이 권위를 독점하는 교회들의 모습이 안타깝기만 하다. 카리스마는 한 개인이 독점할 수 있는 것이 아니다. 하나님께서 각자에게 은사로 주신 선물이 다양하지 않은가. 서로 지배하거나 통제하지 않고 다른 재능으로 서로를 건설하는(살전 5:11) 이름이 '교회'일진대, 하나님이 주신 권위는 서로를 성장시키는 데 써야 할 일이다.

06

카할, 공동체적 인격의 상호 구원

'구원'은 모든 인간의 궁극적 목적이다. 그리고 대부분의 인간이 추구하는 구원은 현실 세계 '너머'의 것이다. 피조물 가운데 유일하게 오직 인간만이 단순한 생존 이상의 '의미'를 찾고 '영원'을 사모하기 때문이다. 그런데 인간이 구원을 추구한다는 것에는 다들 동의하면서도 정작 구원이 무엇이냐고 물으면 이를 깊게 생각해본 사람이 의외로 적다. "죽어서 천국 가는 거?" "예수 그리스도의 이름으로 구원을 얻는 거죠." 오랫동안 신앙생활을 한 그리스도인에게 물어도 가장 많이 듣는 대답은 둘 중 하나이다. 그 대답이 틀렸다는 것이 아니다. 다만 나는 '구원 상태'란 무엇이냐고 묻고 있는데, 앞의 대답은 구원 장소, 뒤의 대답은 구원 방법에 대한 것이다. 물론 두 대답을 엮으면 그동안 교회가 가르쳐온 그리스도인의 구원 상태에 대한 그림이 그려진다. 예수 그리스도께서 우리의 죄를 대속하시려 십자가에서 피 흘려 돌아가셨고, 그 십자가 구속의 힘을 믿는 자는 영원히 사는 구원의 약속을 받는다는 것, 그래서 죽으면 영혼이 천국에서 안식한다는 것, 그것이 구원 상태라는 말이다. 아니, 그거면 되었지 또 다른 구원 상태가 있다는 말인가? 그렇다. 피안의 구원 상태를 거부하는 것은 아니지만(나 역시 믿고 있지만), 기독교 역사가 진행되는 동안 우리가 놓친 또 다른 차원의(아주 중요한 차원의) '구원 상태'가 더 있다.

구원 '이해'의 계보학

'구원 상태'에 대해 우리가 단 하나(사후의 개인 영혼 구원)만을 떠올리게 된 데에는 역사적 이유가 있다. 처음부터 그러하지는 않았다. 예수 그리스도께서는 우리가 '현재'를 살아가면서 어떻게 구원 상태에 있을 수 있는지를 메시지로, 기적으로, 마지막에는 십자가 사건으로 전하셨다. 그리고 그 가르침은 이스라엘의 전통 신앙과 깊은 관련이 있었다. 이스라엘 사람들의 고유한 전통 안에는 내세관이 특별히 없다. 그들의 주요 관심사는 늘 '지금' '여기'였기 때문이다. 사는 동안 하나님이 기뻐하시는 삶을 살다가 죽으면 땅에 묻혀 흙으로 돌아가는 것이라고 믿었다. 그렇다면 참 이상한 일이다. 죽어서 지옥 불에 고통받는다는 생각이 없었다면, 사는 동안 죄짓는 것을 왜 그리 두려워했을까? 이스라엘 공동체는 철저하게 '인과응보'적인 신앙을 가지고 있었다. 하나님께서 기뻐하시는 삶을 산다면 우리를 대적의 손에서 구원하실 것이다! 이때 구원은 지극히 '현재적·현세적'이었다.

속죄 제의와 같은 죄 씻음의 의례도 내세의 구원을 위함이라기보다는 사는 동안 구원의 문제를 해결하려 함이었다. 그런데 그 제의가 사람들을 다시 하나님께로 돌이키기는커녕, 제사장에게는 물질적 풍요와 권력을 보장하는 비리의 통로가 되고, 일반 평신도들에게는 과도한 의무와 비윤리적 면죄부의 역할을 하게 된 것이다. 하여 예언자들은 소리쳤다. "여호와께서는 삶의 돌이킴 없이 형식적으로만 태우는 번제 제물의 향을 싫어하신다." 예수께서도 그 맥락에서 인간이 사는 동안 지녀야 하는 '진정한 구원 상태'를 전하셨다. "성전의 제의 '따위'로 인간의 죄가 없어지지 않는다. 그러나 안심하라. 하나님은 우리를 낳으신 '아버지'이시기에 자녀들을 사랑하신다. 그러니 진심으로 죄를 뉘우치고 회개하라. 그거면 족하다. 믿어라. 죄는 사해졌다. 앞으로는 하나님의 영과 늘 동행하는 삶을 살아내라." 이것이 예수께서 말씀하신 구원 상태였다. 그리고 '구원 상태의 삶'을 죽기까지 몸소 보이심으로써 그리스도, 즉 '육화된 하나님'이 되셨다.

그런데 문제는 '육화된 하나님'으로 사신 예수 그리스도의 복음을 전하는 과정 중에 소위 주객이 전도된 것이다. "하나님의 영과 동행하는 신자는 이 땅에서 구원 상태의 삶을 살 수 있다." 이것이 예수님의 주된 메시지였고, 예수님은 그 가능성을 몸소 보이셨다. 히브리서 기자의 고백마따나 그렇게 '맏아들'이 되신 것이다. 그런데 현재적·현세적 구원 상태에 대한 메시지는 가려지고 매개자로서의 예수님만 전해졌다. 얼른 들으면 이단 같은 무시무시한 말이겠지만, 첫째 아들이 있다면 둘째도 있고 셋째도 있는 것 아니겠나? 실은 예수께서도 이미 말씀하셨다. 믿는 자들은 다 하나님의 자녀요, 예수님의 형제자매라고. 그러니 우리가 예수 그리스도를 '하나님의 맏아들'로 고백하며 상기해야 하는 것은, 유한한 인간인 우리도 하나님의 영과 동행한다면 지금 이곳에서 구원 상태의 삶을 살 수 있다는 것이다. 죄에서 해방되어 자유롭게 살아내고(존재 명령), 또

한 죽어가는 이웃의 생명을 살려내는(구원 명령) 삶을 살 수 있다는 '기쁜 소식'이다.

물론 히브리서 기자는 예수님의 십자가 보혈을 유대 성전 중심의 제의적 언어를 사용하여 "단 한 번에 영원히 드려진 속죄 제의"라고 설명했지만(히 10:10-12), 첫 번째 그리스도인들 대부분이 유대교도였음을 기억한다면 이런 설명은 충분히 이해가 간다. 그들은 아직 개별 죄를 속하는 제의의 습관과 효력에 대한 믿음에서 자유롭지 못했다. 그러나 생각해보라. 예수께서는 인간의 죄에 분노하신 하나님을 누그러뜨리기 위한 제의적 희생물이 되신 것일까? 아니면 제사장들에 의해 독점된 속죄권의 포로가 되어 하나님의 자녀들이 고통받는 상황이 안타까워 그들을 자유케 하는 진리의 메시지를 전하시다가 희생양이 되신 것일까?

필시 첫 그리스도인들은 '희생양 예수 그리스도'라는 상징이 의미하는 내용을 충분히 숙지하고 있었을 것이다. 그런데 제국의 종교가 된 이래 그리스도론이라는 이론적 교리논쟁을 거치고, 이에 더하여 인간의 죄성을 극대화하여 제의적 구원을 강조하는 중세 교회를 지나다 보니 '십자가 상징'에서 본래 의미하던 핵심 내용이 사라져버렸다. 더구나 연옥 교리로 겁을 주며 형벌을 강조하고 그 기간을 감면해준다면서 여러 가지 성물, 성소, 성인, 면벌부의 효능으로 장사를 하고 '구원'을 파는 중세 말기적 상황에 이르자 종교개혁자들은 '오직 믿음'만을 강조할 수밖에 없었다.

오직 믿음으로(sola fide)! 물론 올바른 소리이다. 그런데 그것이 전부는 아니다. 예수께서 말씀하신 '믿음'은 언제나 죄에서 돌이키고 선을 행하는 '행위'와 함께하는 것이기 때문이다. 그러나 이미 선행을 구원 도구로 상품화한 중세 말기에 '행위를 동반한 믿음'이라는 메시지를 균형 있게 강조하기는 어려웠을 것이다. 정황상(그리고 너무나 안타깝게도) '믿음만'을 강조한 결과 예수님의 십자가 자체가 구원의 도구가 되어버렸다. 예수님이 전한 복음이 아니라, 그리스도로서의 삶이 아니라 십자가 자체가 구원의 매개로 받아들여졌다. 중세 말기의 성물, 성소, 성인의 마술적 효력을 제거한 자리에 어이없게도 십자가를 대체해버린 꼴이 되고 말았다.

하지만 하나님이 오직 사람에게만 주신 선물인 '이성'을 가지고 생각해보라. 만약 예수님만이 오직 '임마누엘'의 삶을 살 수 있다면, 그렇다면 그분이 말한 구원은 다른 사람에게는 불가능하지 않은가! 예수님만이 존재론적으로 유일하게 '신-인'이었다면 어찌 다른 인간들이 그분의 삶과 희생적 죽음을 따라 살 수 있겠나! 예수님은 인간이 교만에 빠지거나 자기를 포기하지 않고 유한한 인생을 구원 상태로 사는 방법을 말씀하셨다. 인간의 몸으로도 하나님의 영과 동행한다면 사람은 그 어떤 유혹 가운데서도 정의를 선택할 수 있고 극심한 고통 가운데서도 사랑을 포기하지 않을 수 있다고, 이는 하나님의 영과 동행하는 인간이라면 누구에게나 가능한 '구원 상태'라고 알려주면서 사시고, 죽으시고, 부활하셨다. 그 어려운 일을 하나님의 영과 동행하면서 인간의 몸으로 해내셨다.

즉 우리가 예수 그리스도를 맏아들로 믿고 따른다는 것은 십자가의 마술적 힘을 믿는다는 것이 아니라 예수께서 몸소 보이신 '임마누엘'의 삶을 우리도 이 땅에서 살아낸다는 의미이다. 물론 사람 혼자서는 하지 못한다. 하나님의 영이 우리와 동행하셔야 한다. 그리고 우리는 예수님처럼 그렇게 처음부터 마지막까지 단 한 순간의 끊어짐도 없이 주님과 동행하기는 힘든, 연약한 존재이다. 그래서 매일 새롭게 예수 그리스도의 이름을 부르며 다시 시작하는 것이다. 우리의 육신이 약하여 자꾸 포기하고 싶을 때마다, 적당히 타협하고 싶을 때마다. 그래서 예수님의 이름이 '구원 상징'인 것이다.

요나단과 이스라엘 백성의 상호 구원

만약 아직도 구원 상태가 오직 내세적이라고 믿는 독자가 있다면, 성경을 찬찬히 읽어보자고 초청하고 싶다. 구약성서에 기록된 구원은 대부분 '현재적·현세적'이고 '공동체적'이었다. 예를 들어, 사무엘상 14장은 이스라엘 사람들이 이해하고 실천한 '구원 상태'를 가장 잘 드러내는 본문이다.

블레셋이 이스라엘의 생명을 위협하던 때에, 그들의 철기 무기와 맞상대하기가 두려워 어른들도 벌벌 떨며 나서지 못하던 상황에서 왕자 요나단은 자신의 무기를 든 소년과 단둘이 블레셋을 치러 갈 묘략을 꾸민다. "여호와의 구원은 사람이 많고 적음에 달리지 아니하였느니라."(삼상 14:6) 당연히 여기서 '구원'이란 이스라엘 공동체가 생명을 보존하게 되는 것을 의미한다. 여호와께서 함께하실 것을 믿고 두 소년은 어둠을 틈타 적진에서 교란 작전을 펼쳤다.

달랑 소년 둘이 넘어와서 벌인 일이라고는 상상도 못한 블레셋 군인들은 이스라엘 전체가 쳐들어온 줄 알고 당황해서 서로를 칼로 치는 대혼란에 빠지게 된다. 이를 보고 사울 본진은 물론 블레셋 진영에 합세하여 떡고물을 얻어먹던 다른 히브리 사람들까지 요나단에 합세하고, 심지어 에브라임 산지에 숨어 있던 이스라엘 사람들도 용기를 내어 힘을 보탠다. 성경은 이 광경을 다음과 같이 기록한다. "여호와께서 그 날에 이스라엘을 구원하시므로."(23절) 이는 명백한 구원 사건이었다. 두 소년이 '임마누엘'의 힘을 믿고 시작했지만 둘만으로는 어림없었을 싸움이다. 소년들의 용기에, 그리고 그들과 함께하시는 여호와의 임재를 보며 구원 사건에 힘을 보탠 공동체에 의해 '그날의 구원'은 이루어졌다.

그런데 늘 밀리고만 살다가 눈앞에서 강한 군대가 패하여 도망하는 것을 보자 사울은 욕심이 난 것 같다. 그는 승세를 몰아 이 전쟁을 '여호와의 전쟁'으로 선포하고, 성별의 의미로 전쟁이 끝나기까지 아무 음식도 먹지 말라고 명했다. 그런데 요나단은 그 명령을 미처 듣지 못하고, 전날 밤부터 싸우는 통에 지치고 배가 고팠던 터라 마침 눈앞에 있는 벌집의 꿀을 먹게 되었다. 어찌 그가 찍어 먹은 꿀 때문일까마는, 그날 계획한 싹쓸이에 실패하자 이를 신앙적 죄로 해석한 사울 왕은 소위 '죄인'을 물색하기에 이른다. "이스라엘을 구원하신 여호와께서 살아 계심을 두고 맹세하노니 내 아들 요나단에게 있다 할지라도 반드시 죽으리라."(39절) 그야말로 오버이다. 하나님께서 설마 인간-왕이 제 욕망으로 선언한 저주를 실천하라고 종용하시는 분이실까. 그럼에도 제비뽑기를 통해 요나단이 뽑히고 그가 꿀을 조금 찍어 먹었음을 고백하자 사울은 자신의 '공약'(?)을 지키겠다고 우긴다. 그때 요나단을 '구원'하러 나선 것은 이스라엘 백성이었다.

> 이스라엘에 이 큰 구원을 이룬 요나단이 죽겠나이까 결단코 그렇지 아니하니이다 여호와의 살아 계심을 두고 맹세하옵나니 그의 머리털 하나도 땅에 떨어지지 아니할 것은 그가 오늘 하나님과 동역하였음이니이다(삼상 14:45)

"그가 오늘 하나님과 동역하였음이니이다." 이것이 구원 상태의 '비결'이다. 하나님과 동역하는 사람은 죽이는 대신 살린다. 구원한다. 하나님은 구원하시고 살리시는 분임을 잊고, 더구나 이 큰 구원의 날에 고작 자기체면 지키겠다고 아들을 죽이려고 한 사울의 권력 욕망 앞에 당당히 맞서며 요나단을 '구원'한 사람들은 이스라엘 백성이었다. 요나단이 이스라엘 백성을 블레셋의 손에서 구했고, 이스라엘 백성이 요나단을 사울의 손에서 구했다. 그렇게 구원은 '상호적'이었다. 이렇게 하나님의 임재 안에서 살아가는 가운데 인간적 연약함으로 인해 네가 무너질 때 내가, 내가 무너질 때 네가 서로를 '구원'하도록 부름받은 공동체의 이름이 '카할', '교회'이다. 하나님의 백성을 의미하는 히브리어 단어 '카할'은 신약성서에서 '에클레시아', 즉 교회로 번역되었다. 하나님의 은혜로 구원받고 구원 상태를 공동체 가운데서 살아내는 사람들의 이름이다.

하나님의 다스림,
살리는 구원 명령을 수행하자

사실 성경 안의 모든 인물이 하나님의 뜻을 제대로 헤아리고 늘 '살리는' 삶을 산 것은 아니다. 더구나 왕의 권좌에 오른 이들은 '카할'로 사는 삶을 자꾸 잊었다. 아합도 그중 하나이다. 나봇의 포도원 사건은 아합의 실패를 가장 극명하게 드러낸다. 왕궁 확장을 위해 인접한 나봇의 땅을 사고자 한 아합은 전전긍긍했다. 나봇이 영 협조를 하지 않았기 때문이다. 아니 왕이 그것도 마음대로 못하나? 그러나 이는 이스라엘 전통에서는 당연한 일이었다. 이스라엘 공동체의 신앙고백에서 '땅은 여호와의 것'이고, 따라서 '영구히 사고파는 것이 아니었기'(레 25:23) 때문이다. 그것을 알기에 나봇도 당당하게 말했을 것이다. "내 조상의 유산을 왕에게 주기를 여호와께서 금하실지로다."(왕상 21:3) 이 말에 아합은 풀이 죽어 왕궁에 돌아와 앓아눕는다. 상상을 해보면 웃음이 나오는 광경이다. 침대에 누워 얼굴을 돌리고 심지어 밥도 먹지 않고 있는 왕이라니! 그런 남편의 꼴을 보다 못한 이세벨이 자초지종을 듣더니 장담을 했다. "왕이 지금 이스라엘 나라를 다스리시나이까 일어나 식사를 하시고 마음을 즐겁게 하소서 내가 이스르엘 사람 나봇의 포도원을 왕께 드리리이다."(왕상 21:7)

이어서 성경이 전하는 이세벨의 '다스림'은 이스라엘 사람들이 고백하는 '하나님의 다스림'과는 매우 상반된다. 이세벨은 왕의 인장을 사용하여 나봇이 속한 공동체의 지방권력자들을 협박했다. 나봇이 하나님과 왕을 저주했다고 증언할 거짓 증언자 둘을 매수하여 혐의를 씌우고, 그를 돌로 쳐 죽이라는 상세한 가이드라인까지 주고서 말이다. 참으로 무서운 '다스림'이다. 그 공동체에서 어떤 언어가 힘을 발휘하는지를 정확히 알고서 저지르는 교묘한 통치술이기 때문이다. '왕의 인장'이 효력을 미치는 것은 지방권력자들까지만이다. 그것이 이스라엘의 평민에게도 '당연'이었다면 이런 복잡한 절차도 필요 없다. 그냥 나봇에게 가서 왕의 인장을 보이고 포도원을 빼앗아 오면 된다. 그런데 나봇은 물론이고 나봇이 속한 공동체의 일반 백성들에게 인간-왕의 인장은 통하지 않았다. 이들이 가진 '여호와-왕' 사상과 '땅은 여호와의 것'이라는 공동체적 기억 때문이다. 이세벨은 이것마저 파악하고 그들에게 통할 작전으로 나봇을 몰아가는 치밀함을 보인다. '감히' 여호와 하나님을 저주하다니! 거짓 증언인 줄도 모르고 분노한 무리에 의해 나봇은 율법대로(!) 죽임을 당하고, 그의 포도원은 왕의 몫이 되었다.

그런데 이 소식에 신이 나서 포도원을 향해 가는 아합 왕에게 엘리야가 여호와의 말씀을 전한다. "네가 죽이고 또 빼앗았느냐."(왕상 21:19) 정확하게 여호와의 '다스림'과 상반되는 일을 한 것이다. 하나님을 알지 못하는 왕들이 생각하는 '다스림', 즉 권력을 독점하고 백성 위에 군림하여 죽이고 빼앗는 힘을 발휘하는 것은 결코 '여호와의 다스림'이 아니다. 이 세상을 창조하신 하나님께서는 만물을 '다스릴' 존재로 사람을 지으셨다. 그리고 분명히 그리 말씀하셨다. 하나님의 다스림같이 생명을 다스릴 존재를 만들자고.(창 1:26 참조) 즉 '태초부터' 하나님이 사람에게 원하신 '다스림'은 살려내는 구원 행위이다. 하나님께서 만드신 생명이 땅에 충만하도록, 그 생명을 풍성하게 살아내도록 하는 행동이다. 그러니 우리는 지금 이 땅에서도 구원 상태로 살아가야 한다. 죽어서 여호와께 돌아가 안식하는 것 역시 구원 상태이나 그것은 미래의 일이다. 그리고 '그날'은 온전히 여호와의 몫이다. 우리는 '믿을' 뿐이다. 그러니 오늘, 지금 여기에서 우리가 '카할'로 이룰 구원 상태는 임마누엘의 동역 가운데 서로를 향한 '도움'(에제르)으로 서로를 살리는 소명이다. 상호적이며 현재적·현세적인 구원 명령이다.

07

신앙으로 하는 선택, '그침'

"끝날 때까지 끝난 게 아니다." 미국 메이저리그 뉴욕 양키스 출신의 요기 베라가 한 말이라는데, 요즘엔 영역을 불문하고 여기저기서 자주 사용하는 표현이 되었다. 9회 말 투아웃 상태에서도 포기하지 않고 날아오는 마지막 공을 힘차게 때려 만루 홈런을 만들었다면, 그래서 역전승을 이루는 쾌거를 성취했다면 충분히 끄덕일 만한 말이다. 일곱 번 쓰러졌음에도 포기하지 않고 끝내 일어나 상대방에게 여덟 번째 훅을 날리는 복서의 모습도 떠오른다. 앞서거니 뒤서거니 결승선을 목전에 두고 1, 2위를 다투는 마라토너들도 아마 이 말을 기억하면서 마지막 힘을 낼 것이다. 물론, 장한 일이다. 승부 근성을 가지고 주먹을 꽉 쥔 채 끝까지 포기하지 않는 삶의 자세 말이다.

하지만 모두가 다 그래야 하는 것은 아니다. 기질상 그런 선택을 하지 않을 수도 있고, 능력 면에서 그리할 수 없을 수도 있다. 그러니 중간에 멈추었다고 해서 그를 '의지박약', '비겁함' 혹은 '이젠 배가 불러서' 등으로 해석하고 비난하는 것은 옳지 않다. 그럼에도 '중간에 멈춘' 사람들에 대해서 대부분은 부정적 평가를 한다. 여기에는 성과를 내야만 그것을 비로소 '끝'이라고 생각하는 근현대인들의 제도적 감정이 어느 정도 반영되어 있을 것이다. 개신교도 중에서도 이러한 삶의 자세를 신앙적 가치로 여기는 사람들이 많다. 근현대제도의 발생과 전개 과정을 함께해온 까닭이다. "나는 선한 싸움을 싸우고 나의 달려갈 길을 마치고 믿음을 지켰으니 이제 후로는 나를 위하여 의의 면류관이 예비되었으므로."(딤후 4:7-8) 사도 바울의 이 말이 세속적 성공을 향한 질주를 의미하는 것이 아니었을 텐데도 승자독식과 무한경쟁의 사회 환경 속에서 개별 평가의 삶을 살고 있는 근현대 개신교 신자들은 이를 개인의 생애사적 성공과 연관시켜 받아들이는 경우가 많았다. 더구나 직업 성취를 신적 소명으로 여기는 신학적 바탕에서라면 '성공적 인생'은 신앙의 덕목이 되어버린다. 그리하여 다수의 개신교 신자들은 '마침내' 성공할 때까지 달려야 하는 것을 경건의 지표로 삼게 되었다.[5]

하지만 과연 그럴까? 성경 안의 모범적 신앙인들 모두가 "끝날 때까지 끝난 게 아니다."라는 명제를 윤리적·신앙적 가치로 삼아 죽기까지 내달렸을까? 만약 세속적으로 실패한 채 죽었거나 성공을 향한 기회가 있었음에도 멈춘 사람들이 있다면, 그들은 믿음이 부족했거나 불경건했기 때문인가? 이런 의문이 든 까닭은 살면서 만나온 신자들이 성공을 위해 수단과 방법을 가리지 않는 경우를 자주 보았기 때문이다. '정말 하나님은 저런 방식으로라도 세상적 성공을 쟁취하라고 하셨을까?' 그래야만 하나님은 우리를 통해 영광을 받으시는 것일까?

---

5 이에 대한 사회학적·신학적 계보학은 졸저, 『세상을 욕망하는 경건한 신자들』(서울: 그린비, 2013)에서 자세하게 밝힌 바 있다.

다윗의 용사,
우리야

성경 안에서 내가 존경하는 인물을 꼽을 때 빠지지 않는 사람이 우리야이다. "아니, 다윗이 아니고 우리야라고요?" 나의 말에 신앙인 지인들은 늘 갸우뚱한다. 사람 참 이상하다는 시선도 많이 받았다. 심지어 화를 내는 분들도 있다. 우리야를 '존경'한다는 말의 함의가 곧 다윗과의 일화를 연상하게 되는 바, 이를 다윗에 대한 평가절하로 받아들이기 때문이다. 물론 다윗에게도 존경할 만한 성품과 사건들이 있다. 다윗은 그야말로 "끝날 때까지 끝난 게 아니다."라는 말의 표본대로 산 사람이고, 결국 그의 가지에서 그리스도가 탄생하는 영광까지 누리지 않았나. "그런데도 다윗보다 우리야라고요? 아, 당신은 주로 조연에 연민을 느끼는 타입이시군요?" 드라마로 치면 서브남주에 감정 이입하는 취향을 가진 거냐고 묻기도 한다. 결국은 힘 없고 눈치 없고 용기 없어 실패하는 사람들에 대한 동정이냐는 질문이다. 그러나 아니다. 내가 우리야를 존경하는 이유는 그가 가진 놀라운 차원의 신앙 때문이다. 그리고 그 신앙이 오늘날 우리의 공동체적 삶에 시사하는 커다란 교훈 때문이다.

우리야라는 이름의 뜻은 '여호와의 빛'이다. 그런데 그는 헷 사람, 즉 이방인이다. 여호와를 아는 족속이 아니었다는 말이다. 그렇다면 우리야라는 이름은 본명일 리 없다. 사무엘하 23장에 보면 "다윗의 용사들"로 언급되는 무장들이 기록되어 있는데, 다윗이 정착하지 못하고 이리저리 떠돌던 시절부터 함께하던 공신들의 명단이다. 가장 중요한 역할을 했다고 평가받는 사람들로부터 그들과 연관된 사건 묘사까지 순서대로 기록되어 있다. 그런데 우리야는 가장 마지막에 나온다. "헷 사람 우리야라."(39절) 이게 끝이다. 하지만 순서나 서술 분량을 가지고 그가 "다윗의 용사들" 중에서 가장 미미한 역할을 했다고 결론 내릴 수 있을까? 이 기록은 다윗이 파란만장한 생을 다 마친 뒤에 작성된 것이다. 그렇다면 밧세바 사건으로 인해 주군에게 희생당한 우리야의 일을 다 알고 난 뒤의 기록이라는 말이 된다. 그런데도 그의 이름을 빼지 않았다는 것, 우리는 오히려 그 사실에 더 주목해야 하는 것이 아닐는지. 그를 "다윗의 용사들" 리스트에서 빼는 것이 불가능한 일이었을 만큼 그가 다윗과 동고동락하면서 이룬 공이 많았음을 미루어 짐작할 수 있는 대목이다.

그가 다윗에게 큰 신임을 얻은 인물이라는 것은 우리야의 장인이 엘리암이라는 사실에서도 드러난다. 엘리암도 다윗의 왕국 건설을 도운 공신이다. 성경에서 세세하게 설명하지는 않았지만, 다윗과 엘리암, 우리야 사이의 일은 충분히 짐작할 수 있다. 이들은 삶과 죽음의 순간이 교차하는 살벌한 전장에서 신의로 서로를 살려낸 동지들이었을 것이다. 그 신의가 얼마나 두터웠으면 이방인을 사위 삼았겠나. 어쩌면 '우리야'라는 신앙심 깊은 이름은 다윗이 직접 지어줬을지도 모를 일이다. 다윗의 용맹함이 여호와 신앙에 기반하고 있음을 알게 된 우리야는 주군을 따르면서 그 신앙까지 닮아가려고 노력했을 것이다. 그래서 '이름을 달라'고, '나도 여호와의 도구가 되는 이름을 갖고 싶다.'고 졸랐을지도 모를 일이다. 그래서 얻게 된 이름 우리야, 그는 이름처럼 여호와를 자기 생명의 빛으로 여기면서 자신의 생애도 여호와를 빛내는 불꽃처럼 살리라 그리 다짐했을 것이다.[6]

우리아,

여호와의 빛

그런 우리아가 왕명을 거절했다. 아니, 오랜 전쟁으로 지친 우리아에게 아내를 만나 쉴 기회를 허락한, 명령이라기보다는 호의였다. "언약궤와 이스라엘과 유다가 야영 중에 있고 내 주 요압과 내 왕의 부하들이 바깥 들에 진 치고 있거늘 내가 어찌 내 집으로 가서 먹고 마시고 내 처와 같이 자리이까."(삼하 11:11) 우리아의 이 대답은 그에게 휴식을 청한 다윗을 머쓱하게 만들려는 의도가 결코 아니었을 것이다. 여호와를 빛으로 삼고 자신 역시 그분을 빛내는 삶을 살길 원

---

6 성경 읽기에 '상상력'이 가당키나 하냐고 반문할 수도 있겠다. 하지만 '역사적 상상력'은 구약성서와 같이 오랜 구전 전승과 편집 과정을 거친 텍스트, 특히나 많은 이야기가 생략되거나 '접힌' 본문을 읽어내기 위해서는 필요한 독해 방법이다. 이는 나 혼자 주장하는 것이 아니다. 유학 시절 계절학기를 수강하면서 직접 배운 적이 있는 구약신학 학자 월터 브루그만(Walter Bruggemann)이 대표적이다. 그는 "구약신학을 함에 있어서 우리가 경계해야 할 것은 주장들을 성경 본문이 아닌 다른 그 어떤 곳에서 이끌어내는 행위"[류호준·류호영 옮김, 『구약성서』(서울: 기독교문서선교회, 2003), 121]라고 경고하면서도, 그 성경 본문에 담긴 실재를 이해하기 위해서는 상상력이나 풍부한 정서가 필요하다고 주장했다. "이스라엘 신앙 속에서 스피치의 중요성이 시사하는 바는 상상력 혹은 풍부한 정서가 실체에 대한 이스라엘의 이해에 하나의 중요한 요소라는 점이다."(124) 그는 또한 보다 오래된 자료들이 최근 자료들과 얽히며 기록된 본문을 해석할 때 '이중적 읽기'(double reading) 방법론을 제안한다. "초기 자료들을 독창적인 방법으로 기꺼이 재사용할 수 있는 능력"(137)을 본문 안에서 발견하는 것과 별도로 "광야전승의 자료는 현재 우리에게 제시된 대로, 다시 말해 모세의 인도하의 형성 시기에 있었던 초기 이스라엘의 경험으로 읽혀야 한다."(137)라는 것이다. 그 안에는 이집트를 탈출한 이후의 광야 경험과 바벨론 포로 시기의 경험이 '이중적'으로 얽혀 있지만 이 본문은 결국 '이스라엘의 자기-제시'이기 때문이다.(137) 여기에 현재 성경을 읽는 우리의 신앙체험과 해석적 상상력이 더해진다면 '삼중적' 읽기도 가능한 셈이다. 그러나 브루그만의 조언처럼 우리가 언제나 꼭 붙들어야 하는 것은 본문이다.

한 우리야였다면, '여호와 전쟁'의 성스러움을 누구보다 철저히 지키고 싶었을 일이다. 그랬기에 거룩한 전쟁 중에는 여자를 멀리하는 규례(이 규례의 가부장적 기원은 여기서의 주제가 아니다.)를 엄수하려고 한 것이 아닐까?

그런데 이 말을 한 우리야는 자기 아내를 범한 다윗의 행동을 이미 알고 있었을까? 어릴 때는 그냥 지나쳤는데, 최근 들어 본문을 다시 읽으면서 나는 이것이 궁금해졌다. 다윗이야말로 여호와의 법궤가 전쟁터에 나가 있는 '여호와 전쟁'의 상황에서 여인을 탐한 것이 아닌가! 나른한 오후 나절이었으니 배부르게 점심을 먹고 늘어지게 낮잠도 자고 난 뒤였을 것이다. 왕의 위세를 나타내려 높이 쌓은 왕궁 옥상을 거닐다가 밧세바를 발견했다. 이 자체로 이미 여호와께서 바라시는 왕의 모습과는 거리가 멀었다. 밧세바에게 관심을 보인 이후의 행적도 여호와의 법도에서 멀었다. 누구인지 알아보라고 시킨 시종의 보고에 따르면, 그녀는 엘리암의 딸이고 우리야의 아내였다. "네 이웃의 아내"였던 것이다. 탐내면 안 되는 존재였으나 다윗은 왕인 자신의 지위와 권한을 특별히 여겼다. 그랬으니 여호와 전쟁의 규례를 넘어 십계명조차 가뿐히 무시하는 명령을 내린 것 아니겠나. "그 여인을 나에게로 데려오라."

이후 임신한 밧세바의 일을 수습하려는 다윗의 노력은 가엾고 처절했다. 유전자 검사가 불가능한 시절이기에 가능한 계획이었겠지만, 그의 첫 궁여지책은 우리야를 아내와 동침하게 하는 것이었다. 그리하여 전장에 있던 우리야를 왕궁으로 소환한다. 전쟁 상황에 대한 보고를 명목으로 했는데, 이를 명 받은 요압 장군이나 메신저로 온 우리야가 이상하게 여기지 않은 것을 보면, 평소 우리야가 받은 신뢰가 또 한 번 입증이 된다. "아니 왜 우리야를 보내라고 하시지?" 성경 어디에도 '요압이 이를 이상하게 여겨'라든가 '우리야가 이를 기이하게 생각하매'와 같은 구절은 없다. 오히려 이상한 행동은 다윗이 하고 있다. "네 집으로 내려가서 발을 씻으라."(삼하 11:8) 자신에게 신앙의 모범을 보여주던 주군이다. 여호와의 규례대로 사는 삶이 어떤 것인지 몸소 알려준 왕이다. 그런데 '여호와 전쟁' 중에 집으로 가서 아내와 함께 휴식을 취하라니? 물을 것도 없이 우리야는 규례대로 왕궁 문에서 군사들과 함께 잠을 잤다.

우리야는 그날 밤에 무슨 이야기를 들었을까? 왕궁 '문'이라지 않나. 밧세바를 바구니에 담아 성벽으로 끌어올리지 않았다면 그녀는 필시 문을 통과했을 터. 자고로 '문' 주변에는 온갖 소문이 난무하는 법이다. 안에서 무슨 일이 있었는지는 몰라도 나고 드는 사람을 직접 확인할 수 있는 곳이 성문이다. 우리야가 왕궁 문에서 '다윗의 모든 부하와 더불어' 잤다면 충분히 예상할 수 있는 일이다. 사람들이 얼마나 쑥덕거렸겠나. 어쩌면 다음 날 왕에게 불려간 우리야가 여호와 전쟁의 규례를 왕 앞에서 강조했을 때, 그는 무슨 일이 벌어진 것인지 이미 알고 있었을 수도 있다. 그는 분노한 얼굴로 왕에게 이야기했을까, 아니면 안타까운 얼굴로 말을 했을까? 내 상상 속 우리야의 모습은 후자이다.

애가 탄 다윗은 이튿날에도 그를 전장으로 돌려보내지 않았다. 그리고 신하로서는 가장 영광스러운 '왕의 술자리'를 마련해준다. 술김에 집으로 돌아갈 것을 기대한 작전이었다. 하지만 우리가 아는 대로 우리야는 그날 밤도 왕궁 문 앞에서 잠을 잤다. 그는 그날 밤 무슨 생각을 하며 잠자리에 들었을까? 성경은 그가 '침상에 누웠다.'라고 간략히 표현했지만 그야말로 오만 생각이 다 드는 밤이었을 것이다. 바보가 아닌 다음에야 '왕의 술자리'가 가진 함의를 모를 리 없었을 테니까. 판은 이미 깔린 셈이고 지금이라도 모른 척 집으로 갈 생각도 해보았을 것이다. 남편에 대한 정절을 지키지 못한 밧세바를 원망하여 귀가를 거부한 것은 아닐 것이다. 왕의 소환이다. 아내인들 어찌 거절할 수 있었을까. 지금이라도 달려가서 왕의 계획대로 수습하고 다시 행복하게 살자는 현실 조언을 해주고 싶었을 수도 있다. 하지만 그렇게 왕의 실수를 덮어주는 것이 그를 위한 일일까? 충직하고 신앙심 깊은 우리야는 이런 고민도 했을 것이다. 아, 나라면 어떤 선택을 했을까? 결국 우리야는 그 밤도 아내에게 가지 않았다.

약속을 믿고
그침

아침이 밝아 왕 앞에 불려간 우리야는 편지 한 장을 건네받았다. 다윗은 그 편지를 요압에게 전하라며 어떤 표정을 지었을까? 문안편지라고 구구절절 거짓말을 했을 것 같지는 않다. 오랜 동지이다. 칼이 날아드는 순간에 눈빛 하나로 서로 소통하던 사이이다. 다윗인들 어찌 우리야의 답을 몰랐을까. '그래, 네가 나를 버린다 이거지?' 적반하장으로 다윗은 우리야에게 배신감을 느꼈을 수도 있다. 수없이 내 목숨을 구해준 부하가 이번에는 날 살리려 하지 않다니! 하여 원망을 가득 담은 눈빛으로 말없이 그 편지를 건넸을 것 같기도 하다. 우리야 역시 침묵으로 그 편지를 받아들였을 것이다. 굳이 열어볼 필요도 없었다. 편지의 내용은 너무나 뻔할 테니까. 아마 나였다면 요압에게 가지 않았을 것이다. 혼자 살 길을 도모하여 도망을 가든지, 밧세바를 여전히 사랑한다면 그녀에게 이 사실을 알리며 함께 가자고 청하든지, 하여튼 요압에게 가는 길은 선택하지 않았을 것 같다.

그래서 난 우리야를 존경한다. 죽을 줄 알면서 굳이 간 길이라서. 방법이야 세세하게 짐작하지 못했겠지만, 결국 자신이 죽어야 다윗은 '남편을 잃은 과부'를 불쌍히 여기는 주군인 양 밧세바를 취할 수 있을 테니까. 맹렬한 싸움에서 갑자기 아군이 후퇴할 때에야 비로소 '아, 이 작전이구나.' 싶었을 것이다. 오히려 사전에 후퇴 명령을 들었음에도 끝까지 자기 곁에 남아 결국 함께 죽음을 맞는 선택을 한 몇몇 동료들을 보며 울컥했을 것이다. '내가 뭐라고 함께 죽나.' 우리야에 대한 신의로 기꺼이 목숨을 내어놓은 동료들의 선택에도 가슴이 먹먹하지만, 나는 우리야가 선택한 죽음이 '하나님의 약속'에 대한 신앙 때문이었다고 믿기에 가슴이 뛴다. 여호와 하나님께서 이스라엘에게 하신 약속, 히브리의 하나님이신 여호와께서 이 팔레스타인 땅에 건설하고자 하신 나라, 그 약속을 믿기에 우리야는 자신의 생명이 '그치는' 선택을 했다고 생각한다. 자신이 원한 것은 아니나 그가 처한 상황에서는 최선의 선택이었다.

다윗은 다른 이방의 왕들과는 달라야 하니까. 신과 자신을 동일시하면서 무소불위의 권력을 휘둘러서는 안 되니까. 이스라엘의 궁극적 왕은 오직 여호와 한 분임을 언제나 명심해야 하니까. 왕도 결국은 여호와의 백성이어야 하니까. 그래야 이스라엘은 비로소 평화와 평등, 정의와 사랑이 가득한 '하나님 나라'가 될 테니까. 그래서 우리야는 왕이 된 이후 십계명의 모든 조항을 어겨버린 다윗에게 정죄함 대신에 '하나님의 약속'이라는 칼을 심장에 꽂아넣은 것은 아닐는지, 그런 생각이 든다.

살인하지 말라, 간음하지 말라, 네 이웃을 해하려고 거짓 증거하지 말라, 네 이웃의 소유를 탐하지 말라. 이 계명들을 다 어겨도 되는 존재가 인간-왕이라면 그가 통치하며 만들어갈 세상은 너무나 뻔하지 않나. 기껏 도망쳐온 이집트의 수직 위계적 삶이 이스라엘 공동체 안에서도 반복될 것이다. 우리야가 너무나 혐오하던 세상, 그래서 이름을 바꾸고 소속을 바꾸면서까지 동참하고 싶었던 '하나님의 백성들', 그들의 사는 방식이 이렇게 무너지는 것은 도저히 볼 수 없었을 것이다. 사실 생명이 하나님께로 와서 하나님께로 돌아간다는 것을 믿는 신자라면 개인의 죽음은 그리 큰일이 아니다. 이러나저러나 하나님 품안이니. 결국 다윗 궁전 성문에서 이틀 밤을 기도로 지새운 우리야는 그렇게 '여호와의 빛'으로 자신의 생명을 그치면서도 다윗을, 이스라엘을 살리는 선택을 한 것이 아닐까?

문득 예수님의 겟세마네 기도가 겹쳐서 떠올랐다. "아버지여, 하실 수만 있다면 이 잔을 제게서 거두어주옵소서." 그저 해본 소리는 아니셨을 것이다. 완전한 인간이셨지 않나. 한 인간으로서 자신의 생명을 유지하고 싶은 기본적 욕구가 어찌 없었겠나. 지금이라도 철회할까? 율법주의자들, 제사장들의 형식주의적 제사가 다 맞다고 말을 바꿔볼까? 그렇다면 적어도 내 생명은 유지할 수 있지 않을까? 아니, 나를 회유하려고 안정적이고 안락한 자리 하나쯤은 제공해줄 수도 있지 않을까? 그런 생각을 해보는 것이 가장 '인간다운' 모습일 것이다. 하지만 그렇게 된다면 나의 사랑하는 친구들은 어떻게 되지? 내가 전한 기쁜 소식을 전해 들으며 더는 속죄 제의의 형식주의에 사로잡혀 힘겨워하지 않아도 된다고 행복해하던 사람들, 진심으로 돌이키고 뉘우쳐 지금이라도 사는 방식을 고치면 사랑 많으신 하나님께서 '자녀'라 인정하시며 다 용서해주신다는 말에 참된 자유를 느낀 사람들, 그들은 어찌 되는 거지?

"아버지, 당신의 뜻이 이루어지이다." 결국 예수께서 선택하신 '그침'도 신앙 안에서의 선택이었다. 그리고 그것은 개별 생명이 그친다 하여 하나님의 구원 역사가 결코 끝나는 것이 아니라는 확신이 있었기에 가능한 그침이었다. '내가 끝나도 하나님의 계획은 계속된다.'라는 믿음이었다. 그래서 하나님의 약속을 믿고 사는 신자들은 '그쳐도' 된다. 적당히 타협하고 중도 포기하는 그침을 말하는 것이 아니다. 살아남기 위해서 반(反)하나님적 질서나 조건을 받아들여야 한다면, 그땐 그 제안을 거절하고 물리적·사회적 생존을 그쳐도 괜찮다는 말이다. 하나님의 약속을 믿고 남은 자들이 확장해갈 하나님 나라를 믿으며….

08

로암미, 내 백성이 아니다

적어도 내가 아는 생물학적 지식의 한도 내에서 동종(同種)을 범주화하여 구분하는 것은 오직 사람뿐인 것 같다. 그런데 그 범주화 중에서도 가장 자주 발생하고 혐오와 배제의 결집력을 보여주는 것이 바로 '이분법'이다. 아군이냐 적군이냐, 백인이냐 흑인이냐, 우파냐 좌파냐, 일베냐 페미냐…. 심지어 민트초코에 대한 선호도를 기준으로 민초단이냐 반(反)민초단이냐 하고 묻는다. 아, '부먹'과 '찍먹'도 있다. 탕수육 소스를 부어 먹느냐, 찍어 먹느냐로도 사람을 둘로 나눈다.

어찌 사람이 그렇게 딱 둘로 선명하게 나뉠 수 있겠냐마는, 이런 방식의 범주화는 인간 역사를 돌이켜보건대 어제오늘의 일이 아니다. 한때 동구권과 서구권 사이의 긴장과 갈등이 소비에트 연방의 붕괴로 끝나자 핑크빛 소망을 품은 사람들이 있었다. 때맞춰 세계적인 주목을 끈 저작 『역사의 종언』을 낸 프랜시스 후쿠야마는 이분법적 세계의 종말이 한 범주의 압도적 승리를 전망한다고 주장했다.[7] "이제 우리 세계는 '환희와 조화가 넘치는 하나의 세계'를 만들어갈 것이다!" 물론 그가 말한 '한 세계'란 정치적으로는 자유민주주의를 주창하고 경제적으로는 자본주의를 채택한, '미국'이 샘플인 그런 세계를 의미했다. 그런데 웬걸, 소련의 붕괴 이후에 국제 정세는 냉전 시절보다 더 잦은 지역적 갈등과 전쟁 상황을 직면해야 했다. 하여 세계의 지성들이 부랴부랴 냉전 이후의 세계 판도를 분석하며 새로운 패러다임을 제시했다. '우리 대 그들', 또다시 이분법이 도래한 셈이다. 물론 누가 '우리'이며 누가 '그들'[8]인지는 주장하는 사람들의 삶의 자리와 가치에 따라 다른 경계가 그어졌다.

여기서 글로벌 정치 이야기를 하자는 것은 아니다. 인간의 공동체적 삶에 '환희와 조화'가 넘치는(필시 '하나님 나라'일) 공동체는 아직 도래한 적이 없다. 실은 그것이 '에덴' 이후 인간 삶의 실제 조건이다. 하나님께서 창조 시에 사람을 둘로 나누시는 순간, 인간 조건에는 '다름'이 도래했다. 여호와께서 '좋지 아니하다'(로 토브)라고 평가하신 사람의 상태는 '혼자 사는 것'이었다. 이때 사용된 히브리어 단어 '바드'는 분리, 고립, 부분이라는 뜻을 가지고 있다.

---

7 영어 제목은 *The End of History and the Last Man*(역사의 종말과 마지막 인간)이다. 이 논문이 발표된 시점이 소비에트 연방이 붕괴되는 즈음이었던지라 미국 중심의 시장경제와 자유민주주의의 승리를 선포한 그의 주장은 마치 시대적 예언처럼 받아들여졌다.

8 새뮤얼 헌팅턴은 양대 냉전체제가 붕괴된 이후 세계 정세의 변동을 전망하는 『문명의 충돌』(*The Clash of Civilizations*, 이희재 옮김, 서울: 김영사, 1997; 2004)에서 후쿠야마의 패러다임이 실재를 설명하지 못한다고 비판했다. 물론 그가 "두 세계: 우리 대 그들"이라고 명명한 동양과 서양, 남과 북, 중심부와 주변부 등 이항 대립적 패러다임도 한동안 주류 담론이 된 듯했으나, 이후 세기말 전개되는 다양하고 복잡한 양상의 국제정세를 온전히 설명하지는 못한다고 했다.

힘과 권위 면에서 다른 피조물들과는 압도적으로 다르게 창조된 존재가 사람이다. 하나님께서 창조하시지 않은 사상과 제도와 물건을 지어낼 수 있는 능력을 부여받은 존재가 아닌가! 그런 아담(사람)이 고립되어 혼자만의 생각과 주장과 실천으로 하나님의 창조 세계를 다스린다면 그것은 좋지 못한 일이다. 견제받지 않는 유한한 능력은 위험한 법이니까. 하여 아담을 남자(잇쉬)와 여자(잇샤)로 나누시는 내러티브를 나는 '동등하나 생각이 다른 존재'로 나누어놓으신 사건이라고 해석한다. 창세기 2장의 여자와 남자 창조의 텍스트에서 핵심적 메시지를 전달하는 키워드는 '다름'과 '마주봄'이라고, 그러니 서로 다르다고 등 돌리고 사는 것은 '성경적 관계'가 아니라고 말이다. 신과 달리 유한한 인간은 서로 마주보고 서로의 부족한 부분, 놓친 부분, 위험한 부분을 살피고 도와야 비로소 '하나님의 형상'대로 살아갈 수 있다. 그렇기 때문에 다르게 보고 다르게 산다는 것은 결코 불행도 재앙도 아닌, 인간 공동체의 실존적 조건이다.

로암미,
너희는 내 백성이 아니다

그럼에도 하나님께서 다름이 아니라 '틀림'이라고 선언하신 삶은 분명히 있다. 그 지점에서만큼은 하나님도 사람을 둘로 나누어 범주화하시는 것 같다. 암미와 로암미, 즉 '내 백성'과 '내 백성이 아닌 자'로 말이다. 여호와께서 예언자들을 통해 '내 백성이 아닌 자들'(로암미)에게 전하신 말씀은 살벌하고 두려운 메시지였다. 그 준엄한 경고로부터 살아남으려면 '암미', 즉 하나님의 백성에 속하는 수밖에 없었다. 하지만 '암미'와 '로암미'는 경계가 고정적인 범주가 아니었다. 예언자 요나의 메시지에서도 드러나듯이 여호와께서는 이스라엘 사람이 아니어도 하나님의 뜻대로 돌이키는 이들은 '내 자녀'라고 생각하셨고, 선택하신 이스라엘 백성일지라도 '틀리게' 산다면 그들은 "내 백성이 아니다."라고 선언하셨다.

세례자 요한도 외쳤다. 이는 혈연으로 닫힌 범주가 아니라고. "속으로 아브라함이 우리 조상이라고 생각하지 말라 내가 너희에게 이르노니 하나님이 능히 이 돌들로도 아브라함의 자손이 되게 하시리라."(마 3:9) 아브라함이 하나님의 뜻에 순종하며 시작된 '하나님의 백성'이 이스라엘이지만, 그들이 계속 지향하고 걸어가야 할 방향으로 걷고 있을 때에만 이 '선택된 범주'가 유효하다는 말이다. 그 방향에서 엇나갈 때 돌이키지(회개) 않는다면, 그들은 하나님께 '로암미'이다.

성경을 읽다 보면 개인사를 통해 하나님의 백성으로 사는 삶의 조건을 부르짖고 여호와의 준엄한 경고를 이스라엘 공동체 안에서 주장하기 위해 자기 아이 이름을 '로암미'라고 지은 예언자를 발견하게 된다. '사랑의 선지자'라고 불리는 호세아이다. 어디 한 아이뿐이랴. 첫째 아들의 이름은 '이스르엘'이다. 이스르엘은 팔레스타인의 비옥한 골짜기요, 과거 미디안과의 싸움에서 대승을 거둔 승리의 장소이지만, 그런 상징으로 채택한 이름이 아니었다. 북왕국 이스라엘의 예후가 유혈혁명으로 동족을 죽인 장소, 아니 그 이전에 왕권 확장의 욕망에 사로잡혀 아합이 자신의 이웃인 나봇을 쳐 죽인 비극의 장소를 의미했다. 자기 유익을 위해 이웃을 살육하는 것은 '인간의 다름'이 아니라 '방향의 틀림'이기에, 하나님의 백성들이 만든 공동체적 삶에서 이런 비극적 피 흘림이 만연한 현실을 직시하라는 예언자적 외침이었을 것이다.

호세아가 큰아들의 이름을 이리 짓던 당시는 북왕국이 멸망하기 직전이었으니, 그 간절함과 긴급함이 컸다. 그러나 이스라엘은 돌이키지 않았다. 결국 이스라엘은 앗수르의 손에 망했고 사마리아는 황폐해졌으며 백성들은 낯선 땅으로 끌려갔다. 둘째 딸의 이름 '로루하마' 역시 부정적인 뜻을 가진 이름이다. '긍휼히 여김을 받지 못하는 자'라는 뜻이다. 그리 망하고 끌려가고 흩어져도, 더는 여호와의 긍휼히 여김을 받지 못할 것이다. 누가 딸아이의 이름을 이리 짓나! '사랑의 예언자'라는 호세아의 별칭이 어색할 정도로 가혹한 작명이다. 그러나 호세아는 여기서 그치지 않았다. 결국 '로암미', 즉 '내 백성이 아니다.'라는 이름까지 막내에게 붙이고 말았다.

문득 남편이 아이들의 이름을 짓는 것을 보면서 호세아의 아내 고멜은 어떤 심정이었을까, 궁금해졌다. 눈에 넣어도 아프지 않을 자식들에게 저런 불길하고 저주가 가득한 이름을 붙이는 남편을 보며 얼마나 속상해했을지…. 혹자는 어차피 '음란한 여자'이며 가정에 대한 책임감은 아예 없었을 테니 고멜은 그런 고민이나 절망도 하지 않았을 것이라고 말할지 모르겠다. 하지만 호세아가 받았다는 부르심, 즉 "너는 가서 음란한 여자를 맞이하여 음란한 자식들을 낳으라 이 나라가 여호와를 떠나 크게 음란함이니라"(호 1:2)라는 소명을, 여호와께서 처음부터 그렇게 주셨다고 생각하기에는 너무나 잔인하다.

물론 호세아서는 이 말씀으로 시작된다. 그리고 이 장면은 전통적으로 이스라엘의 예언자들이 여호와께로부터 소명을 받는 공식을 그대로 보여준다. 여호와께서는 늘 이런 방식으로 예언자를 부르셨다. 무작위 선택은 아니었다고 믿는다. 여호와의 도를 잊고 사는 이스라엘 백성들의 패악이 가슴 아파 눈물로 기도하는 신앙심을 보시고 그 마음을 감동시키셨을 것이다. 하지만 호세아는 자신의 문서를 실시간으로 기록했을까? 문서로 기록된 호세아서의 내용이 호세아 생애사의 순서와 그대로 일치하는 것일지 묻는 것이다. 어쩌면 예언서 시작에 나오는 소명 선언은 자기 일생을 통해 깨달은 메시지를 훗날 기록하면서 서두에서 압축적으로 요약했다고 보아야 하지 않을는지.

호세아는 기원전 8세기 인물이다. 왕궁의 주인이 생기고 성전 제사장권이 견고해지면서 이스라엘 사람들이 점점 하나님의 율법에서 멀어지던 시절이다. 신앙적으로 말한다면, 차라리 여호와 한 분만을 의지하며 살던 광야생활이나 여호와의 영이 동행하는 사람에게 리더십을 인정하던 사사 시대가 더 나았을 판이다. 사실 군주제와 성전제도가 견고한 시절에 여호와의 말씀을 맡아 전하는 것은 참으로 어려운 일이었을 것이다. 예언자들의 실패는 자명했으니까. 왕도, 제사장도 아닌 그들에게는 아무런 제도적 힘이 없지 않았나. 여호와의 도를 전해보았자 듣지도 않을 것이고, 멸시와 핍박이 예상되는 소명을 실천하자니 그들의 삶이 참으로 힘겨웠을 것이다. 호세아도 예외는 아니었을 터. 동족의 멸망을 예언하고 돌아오는 날이면 집안은 온통 장례식장 같았을 것이다. 항시적이고 넉넉한 수입원도 없었을 것이고, 사람들에게 존경을 받는 명예를 가진 것도 아니었을 것이다. 이 마당에 자식들의 이름까지 저 모양으로 짓는 남편을 어찌 참아낼까! 결혼생활이 원만하기는 여러모로 힘든 조건이었다.

물론 고멜이 양가집 규수였는데 무책임하고 부정적인 남편 때문에 집을 나갔다는 주장을 하려는 게 아니다. 성경 본문은 고멜이 "디블라임의 딸"이라고 소개하는데, 그 언어적 의미를 기초로 학자들은 그녀가 무화과떡 두 개 정도의 값만 지불하면 얼마든지 관계할 수 있는 성전 창녀였을 것이라고 추론한다. 하지만 생각해볼 일이다. 호세아는 집에 앉아 있다가 어느 날 갑자기 소명을 받고 이방 성전에 가서 생면부지의 창녀를 무작위로 하나 선택해서 결혼했을까? 만약 그렇게 해서 결혼한 여자였다면 뭐가 그리 애틋하다고 매번 도망가는 아내를 안타까움으로 애통해하고 값을 지불하며 찾아오겠나. 매번 외면당하는 사랑에 가슴을 치는 호세아의 심정이 얼른 이해가 되지 않던 차에 평생 성경 묵상을 삶의 제1과제로 여긴 김교신의 해석을 읽으며 크게 공감한 적이 있다.

> 때에 불현듯 힘찬 파도와도 같이 호세아의 가슴에 스며들어오고, 아침 햇살이 비추이듯 부드럽게 가늘고 고요한 소리가 들리기를, 네가 배반한 아내로 인하여 분하냐. 발광할 듯하냐. 당연한 일이다. 진정 사랑하는 까닭에 노할 것이다. 분할 것이다. 그러나 사랑하라. 배반한 아내를 사랑하라, 사랑하라. 아직 호세아는 분함으로 손발이 떨리는 상황이었지만, 마음속에는 '아멘'의 응답이 생겼다.[9]

어쩌면 이게 순서였을 것이다. 그녀를 정말 사랑해서 결혼했고 가정을 꾸렸을 것이다. 호세아가 사용하는 어휘나 문장 표현으로 미루어볼 때 그는 상당한 지식인이다. 그렇다면 호세아와 고멜은 신분 차이로 결혼하기까지 우여곡절 애절한 상황이 많았을 수 있다. 그 모든 난관을 극복하고 결혼한 여인, 그래서 도저히 헤어짐을 상상할 수도, 부재를 견딜 수도 없는 사랑이었다면, 그렇다면 말이 된다. 그런 사랑이 제3자도 아니고 바로 아내에 의해 부정당하다니! 그 사실이 너무 아파서 울며 무릎

---

9 김교신, 『김교신전집』(서울: 부키), 211.

꿇고 기도하다가, 그러다가 받은 여호와의 말씀이었을 수도 있지 않을까? '네가 아내를 향해 가지는 그 마음이 바로 내가 내 백성을 향한 마음과 같은 것이란다.' 아, 개인의 불행인 줄 알았던 삶을 돌아보면서 호세아는 비로소 이를 공적 메시지로 해석해낼 수 있었을 것이다. 그래서 고멜과의 개인적 서사를 풀어내며 이스라엘과 하나님의 관계를 공적으로 설명하려고 했을 것이다.

하나님의 백성에서 하나님의 자녀로!

그러나 호세아는 이스라엘을 영원히 '로암미'라고 범주화하지 않았다. 세 자녀의 이름을 통해 현재 자행되는 이스라엘의 행악을 애통하며 고발하는 1장의 마지막 두 절에서 호세아는 모드를 돌이켜 갑자기 '이스라엘의 회복'을 예언한다. 아직 망하기 전이지만, 실은 지금 하는 행동을 보니 곧 망할 것이다. 하지만 이것이 이스라엘의 마지막은 아니라는 희망을 담아서 미래를 그린다.

> 그러나 이스라엘 자손의 수가 바닷가의 모래 같이 되어서 헤아릴 수도 없고 셀 수도 없을 것이며 전에 그들에게 이르기를 너희는 내 백성이 아니라 한 그 곳에서 그들에게 이르기를 너희는 살아 계신 하나님의 아들들이라 할 것이라 이에 유다 자손과 이스라엘 자손이 함께 모여 한 우두머리를 세우고 그 땅에서부터 올라오리니 이스르엘의 날이 클 것임이로다(호 1:10-11)

아니, 기껏 세 자녀 이름을 통해 이스라엘의 패악을 지적하고 멸망을 경고해놓고서 마지막 두 절에서 급격히 선회한 저 메시지의 다른 결은 무엇이란 말인가? 편집사를 적용하는 학자라면 뒤의 두 절은 포로기 이후에 이스라엘 사람들에게 소망을 주고자 한 사람들이 덧붙인 이야기라고 주장할 것이다. 하지만 호세아에 의한 기록이라고 보아도, 만약 그가 생의 후반부에 회고적으로 이 내용을 문서화했다면 이 급격한 전환은 충분히 설명 가능하다. 이는 단순히 감정 기복으로 변덕을 부린 것이 아니다. 이스라엘을 향한 하나님의 사랑을 믿었기 때문이다. 이스라엘이 무슨 짓을 해도 내 백성이니 무조건 복을 내리신다는 말은 물론 아니다. 그러니 이스르엘과 로루하마, 로암미라는 자녀의 이름을 통해 지금의 행악이 결코 간과될 수 없음을 경고했겠지. 하지만 '너'의 배신에 의해 일방적으로 관계가 어그러졌다고 해서 어찌 '내' 사랑이 갑자기 그칠까. 고멜을 기다리는 호세아처럼, 여호와께서도 이스라엘을 기다리실 수밖에 없다. 이스라엘을 사랑하시니까. 그리하여 다시 사랑의 마주봄, 그 아름다운 관계를 회복할 날을 소망하시는 것이다.

그런데 놀랍게도 호세아는 그 회복의 날에 이스라엘은 이제 하나님의 백성이 아니라 "살아 계신 하나님의 아들들"이라고 불릴 것이라고 예언한다. '백성'과 '아들'은 관계면에서 볼 때 매우 혁명적인 차이가 있다. 백성은 군주제를 가정한 호칭이다. 여호와께서 우리 왕이 되신다는 공동체적 신앙고백 안에서 이스라엘은 '여호와의 백성'이었다. 물론 사랑 많으신 왕이요 능력이 크신 왕이시다.

그러나 '왕'의 속성이 무엇인가? 왕은 기본적으로 '다스리는 존재'이다. 통치술의 차이는 있을지언정, 통치하는 것은 왕의 속성이다. 그러나 이스라엘을 "아들들"이라고 부르는 것은 새로운 관계 설정이다. 여호와와 이스라엘의 관계를 부모-자식관계로 상정한 것이다. "그럼 딸들은 요?" 이렇게 묻는 자매들도 있겠으나, 기본적으로 성경에 나오는 호칭은 가부장제의 문화적 제한성을 벗겨내고 읽어야 오히려 계시를 제대로 받을 수 있다. 이는 아버지와 아들의 문제가 아니다. 오히려 핵심은 왕과 백성으로 묘사되던 하나님과 우리의 관계가 변하여 부모-자식관계로 불리는 혁명성에 있다. 피를 흘리는 삶(이스르엘)으로 인해 너희는 여호와의 긍휼히 여김을 받지 못할 것이고(로루하마), 그래서 애통하는 마음으로 내 백성이 아니라고(로암미) 선언하는 것이지만, 그렇다고 해서 어찌 천륜을 끊겠느냐는 하나님의 마음이고, 그 사랑을 믿는 호세아의 소망이다.

만물을 '낳으신' 여호와의 입장에서 사람을 포함한 모든 생명체는 다 하나님의 자녀이다. 여호와의 뜻대로 행하지 않는다고 해서 자녀가 아닐 수는 없다. 존재의 범주가 바뀌지 않는다는 말이다. 하지만 '하나님 나라'라는 하나님의 주권 영역에서 여호와의 법률을 지키지 않는 사람들이라면 왕 되신 여호와의 백성이 될 수 없을 것이다. 말 안 듣는 백성으로서 이스라엘은 내쳐질 수 있다. 하지만 말 안 듣는 자녀, 그래서 잠시 보호가 거두어지고 긍휼히 여김을 받지 못하여 험난한 고생 가운데 놓여질지라도, 부모-자식관계가 영영 끊어질 리는 없지 않은가! 따라서 '사랑의 선지자' 호세아는 그날을 기다리며 소망했을 것이다. 이스라엘과 유다가 '자녀'로서의 사랑을 결코 의심하지 않는 날, 그리고 '하나님 나라의 백성'으로서 통치의 질서를 공동체적으로 완전히 체화하는 날, 그래서 '아버지'께로 돌아오는 그날이 곧 오리라는 확신을 선포할 수 있었을 것이다.

그리스도인인 우리는 호세아가 소망한 '그날' 이후를 산다. 존재로서는 이원화될 수 없으나, 통치 질서 안에서는 삶의 범주가 나뉘는 하나님의 이분법을 예수께서 보여주셨다. 전자는 예수께서 우리를 '하나님의 자녀'라고 부르시며 확신시켜 주신 것이고, 후자는 예수께서 삶을 통해 보여주신 것이다. 세상의 이분법은 세력을 얻기 위해 적대적 상대가 필요하지만, 여호와의 이분법은 결국 '하나님의 자녀들'이 되는 '한 세상'을 지향한다. 만민이 '암미'라 불리는 그날이 곧 오기를….

09

'여호와의 날'을 기다리는 사람들

실제가 아닌 드라마라도 '새드 엔딩'은 허탈한 법이다. 간혹 예술적으로 잘 승화된 비극은 여운을 주기에 슬퍼도 고개가 끄덕여지지만, 그렇더라도 마음 한구석에 아쉬움은 남는다. 대부분은 주인공이 "이후 행복하게 잘 살았더래요."로 마쳐야 독자든 시청자든 만족스러워한다. 그런데 '히브리 성서'라고도 불리는 구약의 그 긴긴 내러티브는 끝내 '이 공동체가 망했다.'라는 비극으로 마친다. 아브라함을 갈대아 우르에서 불러내시고 약속하신 그 핑크빛 소망도, 모세를 필두로 억압과 착취의 땅 이집트에서 탈출하며 꿈꾸던 약속의 삶도, 다윗성과 솔로몬의 성전으로 구별되던 예루살렘의 영화도 결국은 다 망했노라고.

구약성서는 실시간으로 기록하다가 망하게 되자 용두사미로 급하게 마무리한 텍스트가 아니다. 천 년도 넘게 구전되던 신앙고백을 모으고 또 모으고, 편집하고 또 편집하며 자신들의 '정경'으로 최종 완성한 것이

기원후 90년의 얌니아 회의에서였으니,[10] 구약성서는 '망한 뒤에 완성한 책'이다. 정치 공동체로서 유대가 완전히 역사에서 사라진 것은 로마와의 전쟁에서 패배한 70년이었다.

그게 이상하다. '역사는 승자의 기록'이라는 말이 있지 않나. 실패담을 그리 꼼꼼하고 방대하게 편찬하는 공동체는 드문 법이다. 구약성서는 '을'의 사회적 배치에 있던 사람들의 공동체적 비전과 신앙고백이 역사 안에서 살아남은 거의 유일한 텍스트라고 평가한 적이 있다. 하지만 또 하나 구약성서의 독특성은 그 기록이 '실패담'이라는 사실이다. "그래서 오늘날 우리 민족은 이렇게나 위대한 공동체가 되었다." 이런 엔딩이 아니지 않은가.

이사야에서 말라기에 이르는 방대한 예언서들의 내용 역시 한마디로 요약하면 이렇다. "너희들, 그렇게 살면 망한다." "봐, 곧 망하게 생겼잖아." "아이고, 이러니 망했지." 물론 거기서 끝났다면 구약성서야말로 애써 읽고 나서 가장 허탈한 텍스트일 것이다. 그런데 이 경전이 여느 '새드 엔딩'과 다른 지점은 그것이 기다림과 소망을 담은 열린 결말이라는 점이다. 그 기다림을 붙잡은 공동체가 이스라엘이다.

---

10 그리스도인들에게는 너무나 당연한 '예수 그리스도'이지만, 예수님을 '구원자'로 고백하는 이러한 신앙은 소위 '정통' 유대교도들에게는 당혹스러운 일이었을 것이다. 유대 전통 어디에도 인간을 신격화하는 일은 없었으니까. 그런데 로마에 의해 예루살렘 성전이 초토화되고 유대교의 상징적 터전을 잃는 불상사에 더해 기독교의 교세가 날로 커가면서, 유대교 랍비들은 자신들의 경전을 '정경화'할 필요성을 느꼈다. 이에 90년 얌니아에서 공의회가 열렸고 유대교 경전의 목록을 확정하였다.

'여호와의 날'

'그날에'

> 여호와께서 이스라엘 족속에게 이와 같이 말씀하시기를 너희는 나를 찾으라 그리하면 살리라 벧엘을 찾지 말며 길갈로 들어가지 말며 브엘세바로도 나아가지 말라 길갈은 반드시 사로잡히겠고 벧엘은 비참하게 될 것임이라 하셨나니 너희는 여호와를 찾으라 그리하면 살리라 그렇지 않으면 그가 불같이 요셉의 집에 임하여 멸하시리니 벧엘에서 그 불들을 끌 자가 없으리라 정의를 쓴 쑥으로 바꾸며 공의를 땅에 던지는 자들아 묘성과 삼성을 만드시며 사망의 그늘을 아침으로 바꾸시고 낮을 어두운 밤으로 바꾸시며 바닷물을 불러 지면에 쏟으시는 이를 찾으라 그의 이름은 여호와시니라 …너희가 힘없는 자를 밟고 그에게서 밀의 부당한 세를 거두었은즉 너희가 비록 다듬은 돌로 집을 건축하였으나 거기 거주하지 못할 것이요 아름다운 포도원을 가꾸었으나 그 포도주를 마시지 못하리라 …화 있을진저 여호와의 날을 사모하는 자여 너희가 어찌하여 여호와의 날을 사모하느냐 그 날은 어둠이요 빛이 아니라(암 5:4-8, 11, 18)

기원전 8세기 중엽, 북이스라엘에서 예언을 전한 아모스는 '여호와의 날'이 '어둠'이요 두려워해야 하는 날임을 분명히 했다. 그 이전에 이스라엘과 유대 땅에 선지자가 없었던 것은 아니나 아모스의 등장은 이전과는 사뭇 다른 의미를 갖는다. 이스라엘 초기 공동체의 삶의 방식인 사사제도가 끝난 것은 백성들의 끊임없는 '왕제도'에 대한 요구 때문이었다. 여호와만 우리 왕이면 된다고, 그 사실이 우리의 산성이요 방패라고, 그러니 인간 위계를 만들게 될 인간-왕제도는 선택하지 말자고 합의한 이스라엘이었다. 그런데 한 세대가 가고 또 한 세대가 가고, 그렇게 200년쯤이 지나자 이집트에서 인간-왕 파라오의 시스템이 얼마나 억압적인가를 생생하게 경험한 공동체적 기억은 사라지고 말았다. 더구나 블레셋은 철제무기로 무장한 강력한 외세였다. 언제까지 괭이와 삽을 들고 훈련도 제대로 안 된 농민들이 모여 방어전을 할 수 있겠나. 그리하여 이스라엘 백성은 마지막 소사사인 사무엘에게 노래를 했다. "제발 우리에게도 왕을 세워주소서!" 실망하고 속상해하는 사무엘에게 여호와께서는 그리 말씀하셨다. "그들이 너를 버린 것이 아니라 나를 버린 것이다. 원대로 해주어라. 그러나 경고는 분명히 해라. 왕 시스템으로 산다면 이제 너희 아들들은 왕의 영토 확장의 욕망 속에 희생되는 군인이 될 것이며, 너희의 딸들은 귀족들의 온갖 허드렛일을 하며 살게 될 것이다. 그렇게나 도망 나오고 싶었던 이집트의 시스템을 너희가 만들어 그 굴레에 갇히게 될 것이다." 그 경고 끝 마지막 말씀은 서슬이 퍼랬다. "너희가 그(왕)의 종이 될 것이라."(삼상 8:17)

무너진 여리고성 앞에서 다시는 성벽도 성문도 쌓지 말자고 맹세한 이스라엘 공동체는 결국 200년 만에 자신들의 서약을 깨고 말았다. 사울이 초대 왕이 되었고 다윗이 그와의 왕권 다툼에서 승리했으며, 이후 계속 다윗 가문이 다스렸다. 솔로몬의 아들 르호보암과 신하 여로보암의 갈등 가운데 남북으로 나뉜 것이 기원전 922년, 이스라엘이 군주제를 선택한 지 100년이 되던 때였다. 갈라짐은 슬프나 어느 한쪽이라도 '여호와-왕 사상'을 제대로 이어받고 '여호와를 경외하는 삶'이 무엇인지 똑바로 이해했다면 좋았을 것을. 북왕국 이스라엘도, 남왕국 유다도 여호와 보시기에 악을 행하는 인간-왕들로 차고 넘쳤다.

아모스가 말하는 자들, '힘없는 자를 발로 밟고, 밀의 부당한 세를 거두는 자'는 누구일까? 군주제가 있는 곳에는 배타적으로 자기 가문만이 귀하다는 '귀족들'이 생겨나게 마련이고, 이들의 물리적 힘을 지탱해주는 군사 세력과 정신적 힘을 제공하는 종교 세력이 등장하게 마련이다. 어찌 여호와께서 성전 안에 갇히시고 거기에만 머무실까마는, 다윗 왕권의 정당성을 확고히 하기 위한 예루살렘 성화 작업은 본격화되었고, 제사장들의 세속적 욕망은 날이 갈수록 커져갔다. 이사야도 지적하지 않았나, 너희의 손에 피가 가득 묻었다고. 죄가 그리 주홍 같은데 속죄제를 드린다 해서 흰 눈처럼 되겠느냐고.[11] 그렇게 남북 할 것 없이 여호와께서 싫어하시는 위계적 시스템이 착착 만들어져가던 차에 기원전 8세기 즈음엔 국제 정세마저 소위 '세력 공백기'라서 상대적 평화가 찾아왔다. 그야말로 '있는 사람들'은 부어라 마셔라 하던 시절이었다. 요즘에만 한정판 수입품에 목을 매는 것이 아니다. 당시 외국에서 귀한 장신구와 사치품들을 수입하느라 혈안이 되어 있던 귀족들은 소작농들의 생계보다는 이윤이 많이 남는 포도, 밀 등의 단일품종 대규모 농작에만 관심

---

11 이사야 1장의 해당 본문은 의문문으로도, 평서문으로도 해석이 가능하다. 평서문으로 해석하면 우리가 익숙하게 들어온 구원과 은혜의 메시지가 된다. 너희의 죄가 깊고 손에 피가 가득 묻었더라도 참회하면 그 죄가 흰 눈처럼 되리라. 하지만 잘 읽어보면 '참회하면'이라는 조건은 그 앞에는 나오지 않는다. 오히려 이 문장 이전에는 이스라엘의 죄악상을 신랄하게 지적하는 내용으로 가득하다. 그렇다면 이 본문은 의문문으로 읽는 것이 서슬 퍼런 예언을 적절히 전달하는 것이 된다. "여호와께서 말씀하시되 오라 우리가 서로 변론하자 너희의 죄가 주홍빛 같은데 눈과 같이 희어지겠느냐 진홍 같이 붉은데 양털 같이 희게 되겠느냐."(18절 참조) 물론 이어지는 본문은 이런 무서운 변론의 말씀 뒤에 살길이 제시되어 있다. "너희가 즐겨 순종하면 땅의 아름다운 소산을 먹을 것이요."(19절) 멸망의 길도 제시되어 있다. "너희가 거절하여 배반하면 칼에 삼켜지리라."(20절) 그러니 선택은 이스라엘의 몫이다.

이 있었다. 물론 자급자족형 농사가 아니었다. 수확철이 되어 싹 쓸어가고 나면 소작농들의 삶은 생존 그 자체가 위협이었다.

이때 등장한 것이 아모스이다. "너희가 '여호와, 여호와'를 습관처럼 입으로 읊조리더니 그의 날이 오면 마치 상급이라도 받을 듯 즐거워하는구나. 그러나 천만의 말씀이다. 그날은 너희에게 '어둠'의 날이다. 여호와께서 크고 강한 손을 펼쳐 이집트의 압제에서 이스라엘을 구해내시던 그 해방의 날이, 목숨을 위협하며 폭력적으로 뒤쫓아오던 이집트 군대에게도 구원의 날이었더냐?" 예언자 호세아도 같은 맥락에서 이렇게 꾸짖었다. "그들이 내게 고기를 제물로 드리고 먹을지라도 여호와는 그것을 기뻐하지 아니하고 이제 그들의 죄악을 기억하여 그 죄를 벌하리니 그들은 애굽으로 다시 가리라 이스라엘은 자기를 지으신 이를 잊어버리고 왕궁들을 세웠으며 유다는 견고한 성읍을 많이 쌓았으나 내가 그 성읍들에 불을 보내어 그 성들을 삼키게 하리라."(호 8:13-14) 아모스가 그날이 '어둠'이요 저주의 날이라고 한 것과 같은 경고이다. 어디 호세아와 아모스뿐이겠나. 구약성서의 모든 문서 예언자는 심판의 날로서 '여호와의 날'을 말했다. 그것이 그들이 '맡은 말씀'(예언, 預言)이었기 때문이다.

여호와께서
원하시는 것은

하지만 설마 "너희는 망한다."가 예언의 주된 메시지였을까. "그러니 그전에 돌이켜라."가 핵심이었다. 미리 깨달았다면 좋았을 것을. 결국 북왕국 이스라엘이 앗시리아에게 먼저 망하고, 이어서 남왕국 유다가 바벨론에게 초토화되었다. 쓸모 있는 사람들은 다

끌려가고 폐허가 된 예루살렘에 남은 사람들은 '회복'이라는 단어를 꿈조차 꿀 수 없을 만큼 절망했다. 멸망 막바지부터 망하고 난 뒤까지의 가장 처절한 시기에 예언자로 부름받은 예레미야는 그야말로 '눈물의 선지자'라는 후대의 별명답게 울고 울고 또 울 수밖에 없었다. 오죽했으면 자신이 태어난 날을 다 저주했을까. "네가 평안할 때에 내가 네게 말하였으나 네 말이 나는 듣지 아니하리라 하였나니 네가 어려서부터 내 목소리를 청종하지 아니함이 네 습관이라 네 목자들은 다 바람에 삼켜질 것이요 너를 사랑하는 자들은 사로잡혀 가리니 그 때에 네가 반드시 네 모든 악 때문에 수치와 욕을 당하리라."(렘 22:21-22)

예레미야가 말하는 '그때' 역시 '여호와의 날'과 마찬가지로 악을 행하는 자에게는 심판과 저주의 날이었다. 하지만 예루살렘이 망하기 직전까지도 예언자들이 전한 말씀의 방점은 '현재'에 있었다. '망하리라'가 아니라 '그때' '여호와의 날'이 오기 전에 '지금' 돌이키라는 것이다. 미가 6장 8절은 문서 예언자들의 이 요청을 요약한 에센스 같은 본문이다. "사람아 주께서 선한 것이 무엇임을 네게 보이셨나니 여호와께서 네게 구하시는 것은 오직 정의를 행하며 인자를 사랑하며 겸손하게 네 하나님과 함께 행하는 것이 아니냐." 이것이 이스라엘을 '여호와의 백성'으로 택하여 부르실 때 주께서 이 공동체를 향해 약속하시고 바라신 살림살이였다. 어떤 대단한 성취를 하라는 것도 아니고 역사에 길이 남을 어마어마한 건축물을 세우라는 것도 아니었다. 그저 올바르게 살고 서로 사랑하며 하나님과 동행하는 가운데 겸손하게 지내는 공동체, 강한 권력이나 살벌한 법령체계가 없어도 모두가 '여호와를 아는 지식'으로 정의롭고 사랑 많고 겸손하게 살아가는 공동체적인 생활. 바란 것은 오직 이것 하나였는데, 이렇게 산다면 외세가 아무리 강한들 지켜주겠다고 '만군의 왕이

신 여호와'께서 약속해주셨는데…. 믿음이 없어 인간-왕을 세우고, 영속하는 권력을 위해 종교적 힘을 정치화하며, 약자들을 쥐어짠 재화와 노동력으로 흥청망청 살아가는 이스라엘의 왕, 귀족, 제사장, 부자들을 향해 여호와께서는 예언자들의 입을 통해 끊임없이 말을 거신 것이다. 제발, 돌아오라고.

앞서 인용한 아모스서 5장은 이 맥락에서 이해해야 한다. 아주 정확하게 이스라엘이 잘못하고 있는 일과 살길을 제시하고 있으니까. "너희는 나를 찾으라 그리하면 살리라." 설마 이 말이 여호와께서 싫어하시는 이기적이고 탐욕에 넘치고 부정의한 행동을 하면서, "주여, 주여!" 이름만 부르라는 초청일까. 정치적 지략이나 외세와의 연맹으로 살아남을 방도를 모색한들 "정의를 쓴 쑥으로 바꾸고 공의를 땅에 던지는" 삶으로는 심판을 면하기 힘들다는 말이다. 세상에서 가장 헛된 일은 무엇일까? 자신의 부귀영화를 위해 부당한 세금까지 걷어가며 떵떵거리고 살 집을 짓고 풍미 좋은 포도주를 만들어도 그 집에 거하지 못하고 그 포도주를 마시지 못한다니, 그만큼 쓸데없는 노력이 어디 또 있을까. 그만큼 허무한 결말이 또 어디 있을까.

회개하면 다시 올 '여호와의 날'은

'여호와의 날'은 마침내 왔다. 오지 않았으면 하던 날, 혹은 '우리가 바라는 대로의 날'이길 기대하면서 돌이킴 없이 바라기만 한 이스라엘의 행악자들이 맞닥뜨린 '그날'은 처참하기만 했다. 왕자들은 아비 눈앞에서 죽임을 당하고 유다의 마지막 왕 시드기야는 아들들의 죽음을 마지막으로 본 채 두 눈이 뽑혀 바벨론으로 끌려갔다. 어디 그뿐이랴. 성전과 왕궁이 불살라지고, 귀족들의 집도 모두 같은 운명이었다. 만약 여기서 구약성서가 끝났다면 이 텍스트는 이스라엘은 물론 21세기 오늘날 우리 삶을 살리는 말씀이 되지 못했을 것이다. 타산지석은 삼을 수 있었겠다. "아, 저러면 망하는구나." 하지만 사람이 본디 그러하지 않던가. 높아지면 우쭐거리고 싶고, 부를 얻으면 누리고 싶고. 그런 인간 본성이야 그 시절이든 지금이든 달라질 리가 없다. 결국 본성대로 살다 여호와의 진노를 당하는 것이 기승전결이라면, 읽고 마음에 새긴들 무엇하랴. 돌이킬 힘도 방법도 없는데….

언젠가 저명한 종교학자 한 분이 세계의 대표적인 종교 사상들을 비교하면서 그런 언급을 한 적이 있다. 불교에도 힌두교에도 윤회 사상에 입각하여 '이번 생이 망하면' 그래도 기약할 다음 생이 있는데, 기독교에는 딱 한 번의 기회만 있어서, 즉 패자부활전이 없어서 그게 아쉽다고 말이다. 그러나 내 생각은 다르다. 기독교에도 패자부활전이 있다. 다만 이 생에서 가능하다. '돌이키기만'(회개) 하면 사랑 많으신 여호와께서는 이전의 죄악을 저울질하지 않으신다. 물론 이 신앙고백을 악용하여 일상 가운데 늘 행악하고 주일에 와서 회개 기도하는 일을 반복하는 개신교 신자들도 없지 않다. 그러나 예언자들이 선포하고 예수께서 밝히 보이신 '임마누엘의 삶'이 어찌 나 하나만 저주를 피하자는 처세술이랴. 그렇다. 방도는 '임마누엘'이다. 주님과 동행하는 삶 말이다.

한때 서슬 퍼렇게 이스라엘의 죄악을 꾸짖던 아모스였으나, 그는 '여호와의 날'이 가진 궁극적인 희망을 이렇게 노래했다. "그 날에 내가 다윗의 무너진 장막을 일으키고 그것들의 틈을 막으며 그 허물어진 것을 일으켜서 옛적과 같이 세우고."(암 9:11) "내가 그들을 그들의 땅에 심으리니 그들이 내가 준 땅에서 다시는 뽑히지 아니하리라 네 하나님 여호와의 말씀이니라."(15절) 시험 보러 가는 자녀에게, 먼 길 떠나는 지인들에게 자주 적어주는 말씀인 이사야서 41장도 이렇게나 희망적이다. "그러나 나의 종 너 이스라엘아 내가 택한 야곱아 나의 벗 아브라함의 자손아 내가 땅 끝에서부터 너를 붙들며 땅 모퉁이에서부터 너를 부르고 네게 이르기를 너는 나의 종이라 내가 너를 택하고 싫어하여 버리지 아니하였다 하였노라 두려워하지 말라 내가 너와 함께 함이라 놀라지 말라 나는 네 하나님이 됨이라 내가 너를 굳세게 하리라 참으로 너를 도와 주리라 참으로 나의 의로운 오른손으로 너를 붙들리라."(41:8-10) 이 약속은 언제 전해졌을까? 망한 뒤에, 길 위에 나앉은 뒤에, 다시 종살이하는 중에, 예언자들은 이때에야 비로소 '여호와의 날'이 주는 희망을 노래한 것이다.

"그래서 '여호와의 날'은 심판과 절망의 날이라는 건가요, 아니면 희망과 회복의 날이라는 건가요?" 질문이 틀렸다. 여호와의 날은 사랑과 정의, 자유와 평화의 날이다. 이날을 오늘 내가 속한 공동체 안에서 이루며 사는 사람에게는 매일이 여호와의 날이다. 희망과 회복의 오늘이다. 그러나 여호와를 아는 지식을 잊고 자기 욕망을 성취하기 위해 타인을 억압하고 착취하고 괴롭히는 사람에게 '여호와의 날'은 두렵고 떨어야 할 심판의 날이다. 영원히 오지 않았으면 좋겠는 날이다.

이를 알았기에 예수님의 어머니 마리아는 자신의 태에서 메시아가 태어날 것이라는 예언에 그리 기뻐하며 노래할 수 있었다. "아, 드디어 주께서 그 강한 팔을 펴시는구나. 마음의 생각이 교만한 자를 흩으시고 권세 있는 자는 위에서 내리치시고 부자는 빈손으로 보내시는 일, 비천한 자를 높이시고 주리는 자를 좋은 것으로 배 불리는 일을 시작하시는구나."(눅 1:45-55 참조) 아들도 화답했다. "주의 은혜의 해"는 포로 된 자가 자유하게 되고, 눈먼 자가 다시 보게 되고, 눌린 자가 해방되는 날이라고.(눅 4:18) 그러니 오늘 선택할 일이다. 기쁨으로 그날의 도래를 기다리며 오늘 여호와의 사랑과 정의에 동참하는 삶을 살 것인지, 그날을 '어둠'과 심판의 날로 생각하며 그 종말이 자꾸 뒤로 물러나기만을 바라며 살 것인지. 임마누엘의 하나님이 함께하신다. 그래서 우리는 지금도 여전히 희망적이다.

III

신약 공동체의 신앙고백

10

하나님 나라의 관계적 혁명

하나님 나라(Kingdom of God)는 '가는 나라'일까, '오는 나라'일까? 예수께서 주기도문을 통하여 제자들에게 일러주실 때 분명 "나라가 임하시오며"라고 하셨으니 '오는 나라'인 것 같긴 한데….

오늘날 많은 그리스도인이 믿고 있는 하나님 나라는 하늘나라(heaven)와 거의 동일시되고 있는 느낌이다. 하긴 이렇게 되어버린 역사가 길다. 굳이 특정 시대, 특정 인물들에게 잘못을 돌리고 싶지는 않다. 각 시절은 그럴 만한 상황이 있었고, 그것이 인간의 유한성이기 때문이다. 그러나 그렇다고 해서 예수께서 '하나님 나라'를 전하시며 우리에게 살라 하신 통치 질서와 관계적 혁명의 핵심을 놓칠 수는 없는 일이다. 그러니 거슬러 계보학을 따라가서라도 예수께서 전하신 '하나님 나라'의 본래적 뜻을 꼭 되짚어보아야겠다.

때가 찼고
하나님의 나라가 가까이 왔으니

"때가 찼고 하나님의 나라가 가까이 왔으니 회개하고 복음을 믿으라."(막 1:15) 이것은 예수께서 공생애를 시작하시며 처음으로 하신 말씀이다. 간결하면서도 긴박성이 느껴지는 메시지이다. 유대인들은 '그날', '여호와의 날'을 오랫동안 기다려왔다. 도대체 언제까지 기다려야 할까? 다윗과 같은 메시아는 언제 올까? 정치적으로도 종교적으로도 강하고 독립된 이스라엘을 회복시켜 줄 민족 지도자를 기다리던 유대인들에게 예수님의 이 메시지는 그야말로 '복음'이었다. 헬라어 '유앙겔리온'(기쁜 소식)은 주로 승전이나 왕자의 탄생 등을 알리는 정치적 의미를 담고 있었는데, 이를 유대인들의 메시아 대망 사상과 연결하면 해석은 분명했다. "아, 오실 이가 바로 저분이시구나. 드디어 우리는 다윗 시절의 영광을 회복하겠구나." 그러나 우리도 알듯이 예수께서 선포하신 나라는 유대인들만의 왕국은 아니었다. 이 일로 온 유대 민중이 배신감을 느꼈고 로마 통치자들은 헷갈렸다. 속국 지도자의 정치적 반란인가 싶어 날을 세운 빌라도의 대질 심문에 예수께서는 분명 이렇게 말씀하셨다. "내 나라는 이 세상에 속한 것이 아니니라 만일 내 나라가 이 세상에 속한 것이었더라면 내 종들이 싸워 나로 유대인들에게 넘겨지지 않게 하였으리라."(요 18:36)

"그것 봐요. 이 세상에 속한 나라가 아니니 '하늘나라'가 아닐까요?" 초대교회 성도들은 그렇게 생각했다. 하나님 나라는 예수님의 재림과 함께 '하늘에서 이루신 그 모습'의 완성태로 위에서 내려오는 나라이고, 그 전까지 신자 개인은 믿고 기다리면 되는 것이라고. 예수께서도 곧 오신다고 하셨지 않나! 더구나 국가 차원의 박해가 심각하고 순교자들이 속출하는 상황에서 '하나님 나라의 통치 질서'를 이 세상에서 만들어가겠다는 의미 추구는 어려웠을 것이다. 물론 '교회' 안에서는 그 통치 질서대로 살았다. 아니, '살았다'라기보다는 '버텼다'는 것에 가깝다. 악한 세상 제도와 하나님의 통지 질서가 이 땅에서 대결할 수 있다고는 상상하지 못했다. 새 예루살렘이 하늘에서 내려오기 전까지 순교 당한 개인 신자의 영혼은 '하늘(에서는 이미 완성된) 나라'로 가 있으면 될 일이었다.

'이 땅에서 이루는 하나님 나라'에 대한 관심은 로마의 국교가 되고 유럽인들의 영혼을 책임지는 제도 종교로 부상하면서 다시 생겨났다. 이미 기독교는 제도 안에 자리 잡은 상황이었고, 곧 사라질 로마제국과 운명을 같이할 수는 없는 일이었다. 어떻게 하면 현실 제국을 통치하는 영적 원리로서 기독교를 지켜낼 수 있을까? 여기에는 '두 왕국의 대조성'을 설파한 아우구스티누스의 공로가 컸다. '하나님 나라'가 철저하게 영적 원리로 설명된 까닭에, 오히려 역설적으로 영적 통치권을 바티칸에 양도한 세속 왕국은 그 '영'이 머무는 나라가 될 수 있었다. 따라서 '하나님 나라'는 '하나님께서 권위를 인정해주시는 나라'쯤으로 이해되던 시절이 중세 유럽이다. "하나님께서 원하신다." 얼마나 수없이 남용된 말이던가! 제국의 욕망을 담은 영토 전쟁이나 교황권의 강화를 위한 권력 투쟁 앞에는 언제나 '하나님의 왕국'이라는 말이 남용되었다.

"오직 성서로만!" 개신교가 외친 근원으로의 회귀는 기독교의 전개 과정에서 놓친 '하나님 나라'의 본래적 메시지를 회복할 귀한 기회였다. 실은 초대교회와 중세교회가 하나씩 놓친 지점을 잡는 듯도 했다. 이 세상에 관심을 둠으로써 초대교회의 피안적 영성을 넘어섰고, 세상 통치 질서와의 대조성을 강조함으로써 중세 교회의 세속적 타락을 넘어선 듯했으니 말이다. 그런데 안타깝게도 개신교가 이해한 '하나님 나라'는 지극히 '사적'(私的)이었다. 영국의 청교도혁명 당시나 미국 뉴잉글랜드의 초기 상황에서는 사회제도적 관심도 있었다지만, 사제들의 정치·경제적 개입이 어떤 '타락'을 가져오는지 잘 알고 있던 개신교로서는 기본적으로 정교분리를 원칙으로 삼았다. 다만 경건한 개인들이 신앙적 동기와 세속적 전문성으로 정치, 경제, 교육, 문화에 참여한다면 세상 질서는 점점 더 하나님을 드러내는 방식으로 변화해갈 것이라고 믿었다. 일종의 '낙관론'이다. 하지만 그들은 교회와 세상의 작동 방식이 다름을 미처 깨닫지 못했다. 라인홀드 니버(Reinhold Niebuhr)의 '기독교 현실주의'는 그 구조적 차이를 깨닫고 나서 나온 제안이다. 사적 관계에서는 희생적 사랑을, 공적 사회에서는 절차와 결과의 정의를 추구하면서 사는 것이 '현실적'이라고.[1] 하지만 다시 한 번 생각해볼 일이다. 과연 예수께서

---

1 20세기 저명한 미국의 기독교 사회윤리학자인 라인홀드 니버의 윤리사상을 '기독교 현실주의'라고 부르는 까닭은 그가 근현대 관료제적 조직이 가지는 이익집단적 특성을 직시하고 현실적으로 실천 가능한 윤리지침을 제시했기 때문이다. '직업 소명'을 주장하는 대부분의 청교도적 엘리트들이 개인의 내면적 도덕심과 신앙 열정을 가지고 관료제적 조직 사회의 꼭대기 자리에 올라 '선한 영향력'을 끼치면 된다면서 개별경쟁의 신앙적 정당성을 주장한 반면, 니버는 근현대 조직이 기본적으로 이익집단이며 그 안에 속한 개인에게 자유로운 선택지가 크지 않은 현실을 간파했다. 그의 이런 입장을 가장 극명하게 드러내는『도덕적 인간과 비도덕적 사회』(남정우 옮김, 서울: 대한기독교서회, 2003; 2008)에서 니버는 이렇게 결론짓는다. "인간관계가 친밀한 곳에서는(사랑은 오직 친밀하고 인격적인 관계에서만 충분히 효과적이다.) 사랑의 길이 정의에 이르는 유일한 길일 수 있다. …[그러나] 순수한 무욕의 도덕을 [이익] 집단관계로 옮겨보려던 모든 노력은 실패로 끝났다. …낭만적인 중산 계급과 귀족적인 이상주의에서 나온 둘은 어느 것이나 너무 개인주의적이어서 정치적 효과를 거둘 수 없다. …종교적 이상주의가 그 가장 순수한 성과를 거두고 이기적인 욕망을 강하게 견제하는 때는 언제나, 그것은 정치적인 관점에서 볼 때 전혀 불가능한 정책을 초래한다."(246-47, 250) 결국 니버는

는 '하나님 나라'가 사적 관계와 공적 생활에서 달리 적용되는 통치원리라고 말씀하셨을까?

꼴찌가 첫째가 되는 하나님 나라

의심이 갈 땐 처음으로 되돌아가보는 것이 가장 확실하다. '근원으로'(ad fontes) 돌아가보자. "때가 찼고 하나님의 나라가 가까이 왔으니 회개하고 복음을 믿으라." 예수께서 '가까이 왔다'고 말씀하신 그 '나라'는 어떤 나라일까? 랍비들의 비유적 가르침을 따라서 예수께서는 청중들의 삶 한가운데에서 도출한 생활형 비유들로 하나님 나라를 설명하셨다. "하나님 나라는 마치 ~와 같으니…." 요즘같이 똑 떨어지는 설명과 정답이 있어야 하는 교수학습법에 익숙한 사람들은 선호하지 않는 방법이다. 예수께서 대치동 학원 강사였다면 당장 직장을 잃으셨을 것이다. "아니, 그래서 하나님 나라가 A라는 거예요, B라는 거예요? 확실하게 설명하세요!" 그런 부정적 피드백을 받았을 테니. 하지만 '~와 같다.'는 비유법은 듣는 사람들에게 많은 생각을 하게 한다. 비주체적인 암기와 수동적 복종이 아니라 주체적 사고와 능동적 선택으로 이끈다. 그래서 예수께서는 '하나님 나라 복음'을 전달하는 당신의 임무를 '씨 뿌리는 자의 비유'로 설명하신 것이리라. 100배, 60배, 30배의 결실을 얻기 위해서 귀 기울여 듣고, 곱씹고, 나의 삶 가운데서 적용하는 것은 신자의 몫이다.

공적 영역에서 실현 가능한 최상의 도덕적 가치를 '정의'라고 결론 내리면서 사랑과 정의의 이분법적 적용을 제안했다.

먼저 그 나라는 '꼴찌가 첫째가 되는 나라'이다. 이는 현 시스템의 작동 방식을 완전히 뒤집겠다는 뜻은 아니다. "뒤로 돌아 앞으로 가!"도 아니고, 누구보다 열심히 살아내고 그 결과를 누리고 사는 사람들의 땀과 수고를 무시하는 것도 아니다. 다만 그 재능을 기꺼이 나누는 나라이기에 하나님 나라를 인정하는 순서는 현 시스템에서 꼴찌인 사람들이 먼저일 수밖에 없다. 만약 학기 말이 되어서야 교수가 결석하지 않고 수업을 들은 학생들에게는 모두 A를 주겠다고 선언한다면, 누가 가장 기뻐하면서 얼른 "아멘!" 하겠는가? 한편 누가 가장 화를 내며 싫어하겠는가? 상대평가로 정확하게 25%, 30% 등급컷을 나누어도 충분히 A를 받을 학생들임에 틀림없다. 수업 시간에 졸지도 않고 거의 실시간으로 교수의 말을 받아 적었으며, 참고도서도 다 읽고 암기하여 시험답안지를 빼곡하게 채워서 낸 학생이라면 들고 일어날 일이다. 어떻게 답안지에 한 줄 적은 저 학생과 내가 똑같이 A일 수 있느냐고.

비슷한 이야기가 '좋은 포도원 주인의 비유'에 나온다. 충분히 A를 예상했고 학기 말에 A를 받았으나 전혀 기쁘지 않은 학생들은 새벽 노동시장에서 한 데나리온을 약속받고 하루 종일 일한 일꾼들의 심정과 같다. 하지만 교수의 이런 이야기를 들었다면 어떨까? "A를 받으려고 열심히 공부했으니 결국은 내가 여러분에게 모두 A를 준다고 해서 해가 되는 것은 없지 않은가? 저기 세 줄밖에 못 쓴 학생은 학비 마련을 위해 새벽까지 아르바이트를 하느라고 겨우 두 시간 눈을 붙이고 온 여러분의 학우이다. 여기 답안지에 딱 한마디 '해당 범위 공부를 못하여 죄송합니다.'라고 쓴 학생은 밤새 택배 상하차를 마치고 숨 돌릴 틈도 없이 시험장으로 달려왔다. 나의 선함이 '어차피' A를 받을 여러분에게 그렇게 분노를 유발하는가?"

물론 반론의 여지는 있다. 모두가 받은 A가 앞으로의 삶에서도 그런 '낭만적' 기회를 허락한다면 상관없겠지만, 적자생존의 사회에 나갈 때 변별력 없는 이 점수는 결국 나에게 손해를 가져올 것이라고. 회개하고 돌아온 둘째 아들을 용서하고 사랑으로 품은 아버지에게 화를 낸 첫째 아들의 심정도 이와 같을 것이다. 누가복음서만 전하고 있는 15장 본문은 '돌아온 탕자의 비유'로 불리는데 대부분 용서받은 둘째 아들에게만 초점을 두어 해석한다. 그러나 강조하고자 하는 이야기를 맨 끝에 배치하는 수사학적 구성상 예수께서 이 비유를 통해 강조하고자 하신 것은 아버지의 사랑을 받아들이는 둘째와 첫째의 차이이다. 죄를 지었다가 용서받고 용납받은 둘째 아들의 입장에서 아버지의 사랑은 감격스러운 기쁨이다. 아버지의 용서하심을 거부할 이유가 없다. 그 사랑을 받아들임에서는 그가 '첫째가 된다.' 그러나 현 시스템에서 충분히 경쟁력 있고 성실하며 그에 상응하는 성취가 보장된 첫째 아들은 아버지가 둘째에게 보이는 사랑에 분노한다.

> 맏아들은 밭에 있다가 돌아와 집에 가까이 왔을 때에 풍악과 춤추는 소리를 듣고 한 종을 불러 이 무슨 일인가 물은대 대답하되 당신의 동생이 돌아왔으매 당신의 아버지가 건강한 그를 다시 맞아들이게 됨으로 인하여 살진 송아지를 잡았나이다 하니 그가 노하여 들어가고자 하지 아니하거늘 아버지가 나와서 권한대 아버지께 대답하여 이르되 내가 여러 해 아버지를 섬겨 명을 어김이 없거늘 내게는 염소 새끼라도 주어 나와 내 벗으로 즐기게 하신 일이 없더니 아버지의 살림을 창녀들과 함께 삼켜 버린 이 아들이 돌아오매 이를 위하여 살진 송아지를 잡으셨나이다(눅 15:25-30)

그러나 이 본문에서 아버지는 결코 첫째 아들의 몫을 빼앗아 둘째에게 건네준 것이 아니었다. "너는 항상 나와 함께 있으니 내 것이 다 네 것이로되."(31절) 이 말은 남은 재산은 다 큰아들의 것임을 아버지도 인정한다는 것이다. "다만 죽은 줄 알았는데 이렇게 살아 돌아온 둘째를 보니 내 마음이 기쁘구나. 그저 함께 기뻐해줄 수는 없겠니?"(32절) 그 마음을 요청한 것이다. 그런데 실은 그게 어려운 일이다. 게다가 전부는 아니어도 결국 공동체로 다시 받아들인 둘째로 인해 '마땅히' 자신에게 돌아올 몫의 얼마만큼은 손해를 볼 것도 예상된다. 그래서 예수께서도 그 '어려움'을 아시고 그리 말씀하신 거다. 부자가 하나님 나라에 들어가는 것보다 낙타가 바늘귀를 통과하는 것이 훨씬 더 쉬울 것이라고.(막 10:24-25) 하지만 이 말은 불가능성을 의미하는 것이 아니었다. "사람으로는 할 수 없으되 사랑으로는 그렇지 아니하니."(27절)

즉 하나님 나라는 현 시스템에서 꼴찌인 사람이 제일 먼저 기뻐하며 즉각적으로 받아들이는 나라이다. 그러나 결단코 첫째도 들어갈 수 있는 나라이다. 다만 하나님으로 인해 '거듭나야' 가능하다. 우리는 그동안 죄인의 회개만을 강조했으나 이와 더불어 똑같이 중요한 것은 의인, 승자, 권력자, 부자의 '거듭남'이다. 희년의 질서를 기뻐하는 마음, 그 마음으로 오늘 이 땅을 살아가는 자가 하나님 나라의 시민이다.

여자도 증인 되고 제자 되는 하나님 나라

결국 하나님 나라는 매우 '혁명적'이다. 그래서 현 질서의 기득권을 가진 사람들은 얼른 받아들이기가 힘들다. 그런 점에서 남자와 여자 중 누가 하나님 나라의 통치 질서를 더 기뻐하며 '먼저' 받아들이게 될까? 예수님의 남자 제자들이 예수께서 선포하신 하나님 나라의 통치 질서를 제대로 이해하지 못했다고 비난하며 남녀 대결 모드로 풀어가고 싶은 생각은 없다. 다만 가부장제 안에서 살아가면서 늘 주체였고 사회적 성취에 익숙하던 남자들로서는 예수께서 말씀하시는 하나님 나라를 세속 권력과 연관 지어 생각하는 경향이 있었던 것 같다. "주는 그리스도시요 살아 계신 하나님의 아들"이라고까지 신앙고백을 한 베드로가 예수께서 잡히시던 밤에 보여준 당황과 비겁함은 그저 인간의 나약함만은 아니었을 것이다. 그가 상상하던 것과는 다른 방식으로 전개되는 '메시아'의 행보에 혼란스러웠을 것이다.

그런데 남자 제자들은 다 도망가버린 상황에서 예수님의 십자가를 지킨 여자 제자들은 무슨 마음이었을까? 어쩌면 가부장제적 배치 속에서 '첫째'의 자리가 아닌 '꼴찌'의 자리에서 살아온 여성들이었기에, 하나님 나라의 통치 질서가 가진 혁명성을 제일 먼저 알아볼 수 있었으리라는 생각이 든다. "아, 그 나라는 수직축의 나라가 아니구나. 위에서 군림하는 사람 따로 있고 아래서 자유와 권리를 억압당하는 사람 따로 있는 질서는 결코 하나님이 기뻐하시지 않는구나. 사람을 의인과 죄인, 제사장과 평신도, 남자와 여자, 자유인과 종, 유대인과 이방인으로 나누는, 이 모든 위계적인 응시는 하나님 나라에서는 설 자리가 없겠구나!" 이 관계적 혁명을 일찌감치 깨달은 여자 제자들은 두려움과 슬픔으로 예수님의 십자가를 충분히 예상하고 준비하고 있었을 것이다.

마태와 마가, 누가, 요한까지 네 명의 복음서 기자가 모두 전하고 있는 '향유 옥합을 깨뜨린 여인'의 사건은 이를 입증한다. 비록 마태와 마가는 향유를 머리에 부었다고 하고, 누가와 요한은 발에 부었다고 전하는 차이가 있지만, 구전 전승의 기록임을 고려한다면 이는 크게 중요하지 않다. 요한은 그녀의 이름이 베다니의 마리아였다고 밝히고, 무엇보다 그녀의 이런 행위가 예수님의 장례를 준비하기 위함이었다고 쓰고 있다.(요 12:1-8) "지금 견고하게 버티고 있는 이 수직적 관계망에 맞장을 뜨시면서 세상 질서를 90도 틀어 하나님 나라의 수평적 관계망을 만들려는 스승님의 말과 행실은 곧 희생적 죽음으로 인도되겠구나." 누가 예수님이 선포하시는 '하나님 나라'를 싫어할지, 그래서 그분을 제거하려고 할지, 적어도 베다니의 마리아는 충분히 예상하고 있었다는 말이다. 그런 마리아를 인정하시고 그녀를 비롯하여 많은 여자 제자들을 부활의 증인이요 하나님 나라의 사도로 삼은 분이 예수님이시다.

교만과 자기 포기를 넘어 '마주보는' 나라

아래에 배치되어 있었기에, 수치의 자리에서 살아왔기에 성서 속 여자들의 찬양에는 언제나 하나님 나라의 수평적 차원, 관계적 혁명이 담겨 있었다. "가난한 자들을 진토에서 일으키시며 빈궁한 자를 거름더미에서 올리셔서 귀족들과 함께 앉게 하시며 영광의 자리를 차지하게 하시는군요."(삼상 2:8) 약속의 아들 사무엘을 임신한 엄마 한나가 부른 이 노래는 태초의 질서, 에덴의 질서에 대한 신앙이었을 것이다. 멸시의 자리에 배치된 여자들끼리도 자녀의 유무에 따라 또다시 위계가 생기는 그런 나라에서 한나가 신앙한 하나님의 통치 질서는 사람이 사람으로서 존귀한 영광의 자리를 차지하는 나라였다. 예수님의 어머니 마리아도 같은 노래를 불렀다.

> 능하신 이가 큰 일을 내게 행하셨으니 그 이름이 거룩하시며 긍휼하심이 두려워하는 자에게 대대로 이르는도다 그의 팔로 힘을 보이사 마음의 생각이 교만한 자들을 흩으셨고 권세 있는 자를 그 위에서 내리치셨으며 비천한 자를 높이셨고 주리는 자를 좋은 것으로 배불리셨으며 부자는 빈 손으로 보내셨도다(눅 1:49-53)

마리아의 노래에서 끌어내려지고 빈손으로 돌아가는 권력자와 부자는 하나님 나라의 관계적 혁명을 보지 못하고 끝까지 제 욕망만 챙긴 이들이다. 그러나 예수께서 시작하신 하나님 나라의 '마주보며' 사는 질서를 깨달은 권력자와 부자는 기쁨으로 권위와 소유를 나눌 것이다. 결국 하나님 나라는 '꼴찌들'이 제일 먼저 기뻐하며 받아들이겠으나 '첫째들'의 자발적 참여 없이는 도래하지 못할 나라이다. 뭇 생명의 창조주이신 하나님께서 제일 보기 싫어하시는 피조물의 교만과 자기 포기는 항상 '짝'으로 존재한다. 교만한 '첫째들'이 견고하게 쌓은 인간적 시스템 안에는 자기 포기에 이르는 '꼴찌들'이 생겨나게 마련이니까. 하지만 '꼴찌들'이 자아 존중감을 찾는 나라, '첫째들'이 교만한 자리에서 내려오는 나라가 하나님 나라이다. 예수께서는 이 나라가 '하늘에서 이룬 것같이' 이 땅에서도 이루어지기를 소망하며 그 나라의 관계적 혁명을 '이미' 시작하셨다. 그리고 명하셨다. "나를 따르라."

11

새 술을 담기 위한 베짜기

"모난 돌이 정 맞는다."라는 옛말이 있다. 이 말이 성격상의 결함이라도 된 듯 둥글둥글 유한 성품이 될 때까지 망치질과 같은 연단을 받아야 한다는 뜻이라면, 세상의 모든 모난 돌은 동그랗게 될 때까지 정을 맞는 것이 마땅하다. 하지만 보통 '모난 돌'로 표현되는 사람은 재능이 뛰어나 두드러지거나 성품이 강직하여 불의를 참지 못하는, 객관적으로 평가하자면 '둥글둥글'로 표현된 평준화, 일반화를 거절하는 사람이다. 그럼에도 사람들은 왜 자기 능력, 자기 소신, 자기 선택으로 행동하는 이들에게 저런 말로 충고하는 것일까? 살면서 숱하게 봐왔기 때문일 것이다. 시류(時流)를 거스르고 당대의 문화적 전제를 거스르면 어떤 꼴을 당하는지. 그러니 '대부분의 사람이 늘 해오던 방식'을 따라야 삶이 편하다는, 일종의 애정 어린 조언일 터이다.

그런데 하물며 전통(傳統)을 거스르다니! 일상적인 생활 습관을 거스르는 '두드러짐'도 정 맞을 일인데, 오랜 세월 확립되고 견고해져서 소속된 사회 구성원들에게 종교적 '정통'(orthodoxy)이 되어 있는 신앙적 규범을 거스르는 행동은 그야말로 제대로 '모난 돌'이다. '예수님은 교회를 세우기 위한 모퉁잇돌'이라고 신앙고백을 하지만, 어쩌면 모퉁잇돌이 되시기 전에 먼저 '모난 돌'이셨다는 생각이 든다.

'그러나'
나는 너희에게 말하노니

일단 이스라엘 사람들과 살아가면서 모세법의 전통에 정면으로 도전장을 던진다는 것은 그야말로 제대로 '모난 돌'이 되는 일이었다.

> 옛 사람에게 말한 바 살인하지 말라 누구든지 살인하면 심판을 받게 되리라 하였다는 것을 너희가 들었으나 나는 너희에게 이르노니 형제에게 노하는 자마다 심판을 받게 되고 형제를 대하여 라가라 하는 자는 공회에 잡혀가게 되고 미련한 놈이라 하는 자는 지옥 불에 들어가게 되리라(마 5:21-22)

세상에! 산상수훈의 한 부분만 읽어봐도 살이 떨릴 지경이다. 지옥 불에 대한 위협이 구절구절 나오는 것도 무서운데, 그 지옥 불에 떨어지는 조건이 우리가 생각할 때 그렇게까지 큰 잘못이 아니기 때문이다. 가끔 드라마에서 우애가 남다른 형제자매가 나오면 댓글에 어김없이 등장하는 말이 하나 있다. "현실 남매를 모르시는군요." 함께 성장하는 동안 반말은 다반사요, 험한 욕도 오가는 사이가 형제(자매)이기 때문이다. 어디

말만 험한가? 때론 치고받고 싸우기도 한다. 그런데 '라가'(아람어 욕설로 '머리 빈 녀석', '무가치한 놈'이라는 의미)나 '미련한 놈'이라는 말이 살인죄와 비교되다니! 더구나 지옥 불에 떨어질 일이라니, 얼마나 충격적이고 엄격한 도덕률인가. 예수님의 이 말씀을 그대로 우리의 일상생활에 적용하면 지옥 불에 떨어질 사람들이 너무나 많을 것이다.

무엇보다 예수께서 이 '급진적인' 행동 수칙(혹은 윤리 규범)을 전하는 방식이 너무나 '도발적'이기에 그 충격이 더하다. "전통이 이렇게 이야기했고 너희는 그것을 계속 들어왔지. 하지만 나는 이렇게 말한다." 이것은 내용의 급진성만의 문제가 아니다. 그야말로 '권위'에 제대로 도전장을 던지신 것이다. '그러나'라는 전환 화법으로 예수께서는 전통에 문제를 제기하며 '모난 돌'처럼 우뚝 솟아나셨다. 예수께서 넘어서시려고 한 것은 무려 '모세법'이었다. 이스라엘 구성원에게는 신적 권위를 가진 법이요, 이것을 잘 지키느냐 아니냐에 따라 의인과 죄인을 나누는 근간이 되는 절대적 규율이었다. 사실 우리는 오늘날의 그리스도인이기에 예수님의 권위가 모세보다 위라는 것을 쉬이 인정하게 되지, 당시 예수님은 공식적인 권위를 인정받는 존재가 아니었다. '랍비', 즉 율법 교사라고 불리기는 했지만, 유명한 스승에게서 자타가 공인하는 수련 과정을 거친 것도 아니었다. 요즘 청년들이 자주 쓰는 말로 '듣보잡'(듣지도 보지도 못한 잡류)인 셈이다.

헉, 예수님에게 '감히' 듣보잡이라니! 물론 발끈할 일이다. 하지만 그리스도인들에게 신앙의 대상으로 선포되기 이전, 즉 예수님의 생애 동안에는 유대 사람들에게 그렇게 비춰졌음에 틀림없다. 일단 고향 사람들의 기준에서 예수님은 아버지가 누구인지 불분명한 존재였다. 출생부터 전통의 수호자, 정통 라인 등등의 평가와는 거리가 먼 사람이었다는 말이다. 오죽했으면 예수님이 고향 회당에서 가르치시는 모습을 보고 동네 사람들이 '마리아의 아들'이라며 한껏 아래로 보고 배척했을까.(막 6:3 참조) 사실 유대인의 전통에서 '어머니의 아들'이라고 기술하는 것은 드문 일이다. 그런데 예수님은 '마리아의 아들'이라고 불린다. 더구나 직업은 랍비가 아니라 '목수'이다. 누가복음에서는 같은 사건을 묘사하며 '요셉의 아들'이라고 호명되지만, 맥락상 '저명한 아버지의 아들'이라는 의미보다는 율법을 해석하기에 적절하지 않은 출신이라는 뉘앙스를 풍긴다.(눅 4:22)

다시 말해 고향 사람들 눈에 예수님은 출생부터 '모난' 상황이요, 랍비로서 권위를 가지는 직업군의 인물도 아니었다. 그런데 '그런' 예수님이 무려 모세법을 건드리고 심지어 이를 넘어가시려고 한다. "그러나 나는 너희에게 말하노니"라니! 종교사회학자 막스 베버(Max Weber)는 예수님의 이 화법이 전형적으로 '카리스마적 권위'를 나타낸다고 했다.[2] 그리스어 '카리스마'는 하나님께서 주신 재능이다. 권위의 근거는 하나님의 영이다. 하여 동시대 제도나 전통이 부여한 혈통, 직위의 권위를 뛰어넘는다. 다만 그것은 사회 구성원들이 그렇게 인정해줄 때이다. 하지만

---

2 베버는 종교사회학자의 현상적 관찰을 담아 카리스마를 "일상 외적인 것(원래는 예언자뿐만 아니라 치료의 현자, 법의 현자, 수렵 지도자, 전쟁 영웅에서처럼 주술적인 것)으로 여겨지는 어느 인물의 자질"로 정의한다. "이 자질 때문에 그 인물은 초자연적이거나 초인적인 또는 적어도 특별히 일상 외적인, 다른 누구나가 얻을 수 없는 역량이나 특성을 [타고나거나] 신에 의해 보내진 것으로 또는 모범적인 것으로, 그리고 그 때문에 '지도자'로 평가된다."(『경제와 사회』 1권, 449-50) 베버에 따르면 카리스마적인 지도자는 이 특별한 역량 때문에 신봉자들의 '자유로운 인정'을 받게 되고 자발적인 '자치공동체'를 형성하게 된다는 것이다.(451) 베버는 전통에 구속되어 있는 시대에 특별히 이러한 카리스마 공동체가 '혁명적'인 역할을 하게 된다고 분석했다.(455)

예수께서는 고향에서 쫓겨나셨다. 인정받지 못했다는 뜻이다. 그래서 가는 곳마다 율법 교사들과 서기관, 바리새인들에게 논쟁적 공격의 대상이 되셨다.

이 성전을 허물라

예수님도 그럴 줄 알고 벌이신 일이다. "내가 세상에 화평을 주러 온 줄로 생각하지 말라 화평이 아니요 검을 주러 왔노라."(마 10:34) 물론 일부러 분란을 일으키는 모난 돌이 되고자 함은 아니셨을 것이다. 결과적으로 그런 일이 발생할 것을 아신다는 선포이다. "안식일 법에 사로잡혀서 사람 살리는 일 하는 것을 주저하지 마라. 법보다 큰 것이 사람이다. 인자가 안식일의 주인이다." 그야말로 모세의 전통 근간을 흔들어대시니 분쟁과 갈등은 너무나 예상되지 않는가. 결국 예수께서는 유대인들의 눈으로 볼 때 그야말로 '넘지 말아야 할 선'을 넘어 버리셨다.

> 예루살렘아 예루살렘아 선지자들을 죽이고 네게 파송된 자들을 돌로 치는 자여 암탉이 그 새끼를 날개 아래 모음 같이 내가 네 자녀를 모으려 한 일이 몇 번이더냐 그러나 너희가 원하지 아니하였도다 보라 너희 집이 황폐하여 버려진 바 되리라 내가 너희에게 이르노니 이제부터 너희는 찬송하리로다 주의 이름으로 오시는 이여 할 때까지 나를 보지 못하리라 하시니라(마 23:37-39)

> 유대인의 유월절이 가까운지라 예수께서 예루살렘으로 올라가셨더니 성전 안에서 소와 양과 비둘기 파는 사람들과 돈 바꾸는 사람들이 앉아 있는 것을 보시고 노끈으로 채찍을 만드사 양이나 소를 다 성전에서 내쫓으시고 돈 바꾸는 사람들의 돈을 쏟으시며 상을 엎으시고 비둘기 파는 사람들에게 이르시되 이것을 여기서 가져가라 내 아버지의 집으로 장사하는 집을 만들지 말라 하시니 제자들이 성경 말씀에 주의 전을 사모하는 열심이 나를 삼키리라 한 것을 기억하더라 이에 유대인들이 대답하여 예수께 말하기를 네가 이런 일을 행하니 무슨 표적을 우리에게 보이겠느냐 예수께서 대답하여 이르시되 너희가 이 성전을 헐라 내가 사흘 동안에 일으키리라(요 2:13-19)

이스라엘 사람들에게 성전이 어떤 존재인가? 죄 용서를 받을 수 있는 유일한 공간이다. 물론 그것은 '전통'이 하는 말이다. 속죄제를 드려야만 이스라엘 사람들은 죄 용서를 받을 수 있다고 믿었다. 양이나 소, 비둘기에게 자신들의 죄를 대신 전가하고 제사장들이 정한 제의 질차를 통해서 그 죄가 사하여진다고 믿었기에, 당장 내일 먹을 끼니가 걱정인 가난한 사람들까지도 경건한 신앙심의 표현으로(실은 그래야 유대 공동체에서 사회 구성원으로 살아갈 수 있었기에) 비둘기를 사서 하나님 앞에 죄 사함을 간구했다. 그런데 손에 피가 가득한 부정의를 그대로 둔 채 제의적으로만 죄 사함을 요청하는 것에 대해서는 구약의 예언자들이 이미 그 번제의 '역함'을 외쳐왔거니와, 예수께서도 같은 맥락에서 분노하셨다. '기도하는 집'을 '강도의 소굴', '장사하는 집'으로 만들었다고 말이다.

이 '성전 정화' 사건은 매우 중요한 메시지를 담고 있기에 마태(21:12-13), 마가(11:15-17), 누가(19:45-46), 요한이 모두 전하고 있는 본문이다. 흥미로운 것은 요한의 본문이 제일 자세하고 길며, 배치 자체가 다른 복음서에 비해 상당히 앞쪽에 놓여 있다는 점이다. 첫 장부터 우주론적 그리스도 이해를 신학적으로 서술한 뒤에 나오는 첫 본문, 즉 2장에 이 에피소드가 등장한다. 그리고 이 사건 바로 직전에 배치된 이야기가 '가나의 혼례' 이야기이다. 물이 변하여 포도주가 되는 기적을 행하신 그 사건 말이다.

새 술은
새 부대에

오직 요한복음만이 전하고 있는 '가나의 혼인 잔치'는 어머니 마리아의 친척 결혼식이었던 것 같다. 그 집 포도주가 떨어진 것을 걱정하고 무엇보다 이를 해결하러 나선 정황으로 미루어 혼주와 매우 가까운 사이였으리라. 예수님과 제자들도 모두 초대된 자리였다. 어머니 마리아는 이전에도 종종 아들 예수의 이적 행위를 사적으로 경험하였기에 최소한 예수님의 비일상적 문제 해결 능력을 신뢰하고 있었다고 생각된다. 포도주가 떨어진 것을 예수님에게 알리고, 예수께서 아직 자신의 때가 이르지 않았다고 말씀하셨음에도 불구하고 개입할 것을 요청한 것을 보면 말이다. 예수님의 대답을 듣기도 전에 마리아는 하인들에게 이렇게 말한다. "너희에게 무슨 말씀을 하시든지 그대로 하라."(요 2:5)

그리고 벌어진 일은 우리가 익히 아는 바이다. 그 집에는 유대인의 정결 예식 때 사용되는 돌 항아리 여섯 개가 있었고, 예수께서는 하인들에게 거기에 물을 채우라 하시고 그 물을 떠서 연회장에 가져다주라고 명하셨다. 그것을 받아 마신 사람들이 저마다 말했다. “먼저 좋은 포도주를 내고 취한 후에 낮은 것을 내거늘 그대는 지금까지 좋은 포도주를 두었도다.”(요 2:10) 물론 요한의 본문에는 ‘새 술은 새 부대에’라는 해석 부분이 나오지 않는다. 이는 다른 복음서 그리고 전혀 다른 맥락에서 등장한다. 마태와 마가도 이 부분을 소개하고 있지만, 여기서는 누가의 본문을 예로 들어본다.

> 새 포도주를 낡은 가죽 부대에 넣는 자가 없나니 만일 그렇게 하면 새 포도주가 부대를 터뜨려 포도주가 쏟아지고 부대도 못쓰게 되리라 새 포도주는 새 부대에 넣어야 할 것이니라 묵은 포도주를 마시고 새 것을 원하는 자가 없나니 이는 묵은 것이 좋다 함이니라(눅 5:37-39)

예수께서 이 말씀을 하신 곳은 레위라는 세리의 집이었다. 앞에 설명을 보면 그는 세관에 앉아 있다가 예수님의 초청에 제자가 되었다. 필시 제자 된 기쁨에 자신의 집으로 예수님 일행을 초청했을 것이다. 모세법에 따르면 고리대금을 하고 돈을 만지는 직업을 가진 레위는 ‘부정한 자’, 즉 ‘죄인’이다. 더구나 로마제국의 식민 지배 아래 있던 유대인들이었기에 세금을 이중 삼중으로 걷어 로마에 바치는 세리는 죄인 중의 죄인이었다. 그런데 죄인의 집에서 먹고 마시다니! 정결법에 의해 구별된 삶을 살면서 ‘의인’이라는 자부심이 컸던 바리새인이 예수님과 제자들을 비방했다. 한마디로 모세의 법을 어기고 있다는 핀잔이었다. 이를 보시고 예수께서 말씀하신 두 가지 비유 중 하나가 바로 포도주 부대에 대한 것이다. 비유는 다르나 같은 메시지를 담고 있다. 누구도 새 옷에서 한 조각을 찢어내어 낡은 조각에 붙이지 않는 이유는, 그것이 새 옷을 망칠 뿐만 아니라 낡은 옷에 덧붙은 새 옷감의 힘찬 기운이 낡은 옷을 당겨 결국 낡은 옷까지 망치기 때문이다.(36절) 또한 새 포도주를 낡은 부대에 넣으면 발효되는 포도주의 힘 때문에 부대가 터지게 마련이다.(37절)

새 옷감, 새 포도주가 같은 것을 지칭하고 있다면 이것은 무엇을 비유하는 것일까? 맥락상 모세법을 뛰어넘는 예수님의 메시지라고 읽힌다. 즉 '하나님 나라'에 대한 예수님의 가르침이라고 생각된다. 이것은 그저 이전 전통을 그대로 둔 채 거기 하나 덧붙인다고 될 일이 아니다. 기존 프레임에 '얹거나' '담을' 수 없다. 그러니 이 메시지를 들은 자가 할 행동은 전면적인 전환, 그야말로 틀거리를 다시 짜는 일이다.

사실 이 본문에서 우리의 묵상은 자주 37절에서 그친다. 그러나 예수님의 비유는 38절까지 이어진다. "묵은 포도주를 마시고 새 것을 원하는 자가 없나니 이는 묵은 것이 좋다 함이니라." 물론 포도주는 묵은 것의 풍미가 더하다. 나는 술맛은 알지 못하지만, 와인의 경우 만든 연도가 오래된 것일수록 비싸다는 것은 안다. 필시 갓 만든 포도주는 떫은맛이 나거나 소위 '얕은' 풍미를 가졌을 것이다. 그런데 예수께서 '묵은 포도주를 좋다 하는 사람들'이라고 칭하셨을 때 '묵은 포도주'는 왠지 긍정적인 뉘앙스는 아닌 듯하다. "어머, 이거 몇 년도산이네요?" 이렇게 칭찬할 만한 포도주로 언급하신 것이 아니라는 말이다. 흥미로운 것은 요한복음의 혼인 잔치에서 예수께서 갓 만드신 포도주, 그것도 숙성된 포도가 아니라 물로 만드신 그 '전혀 새로운 포도주'를 맛본 손님들이 환호했다는 점이다. 그들이 '더 좋은 포도주'라고 말한 것으로 보아 그 맛은 필시 '오래 묵고 잘 숙성된 포도주 맛'(혹은 그 이상)일 텐데, 이것은 어찌 해석해야 할까?

포도주는 역사가 아주 오래된 문명적 기호품이다. 예수님 시절에도 오래된 포도주가 더 가치 있다고 생각했을 것이고, 예수께서도 그 사실을 아셨을 것이다. 따라서 만약 예수께서 일종의 '비트는 방식'의 비유를 말씀하신 것이라고 읽는다면, 너무 많이 간 해석일까? "너희에게 익숙한 맛, 그래서 안주하는 그런 맛을 '좋다'라고 생각하는 한, 너희는 결코 새 말씀을 너희 안에 담아내고 그것을 숙성시켜 너희 삶의 원리로 삼을 수 없다. 하지만 전제 없이 맛보아라. 내가 너희에게 주는 (갓 만든) 이 새로운 술의 맛이 어떠하냐? 이는 '더 좋은 포도주'이다. 그러니 너희는 새 술을 담을 새 부대를 준비하라. 새롭게 베를 짜라. 그래야 이 새로운 말씀을 받고 담고 숙성시킬 수 있다." 기꺼이 그 새로운 직조의 모퉁잇돌이 되시면서 우리에게 틀거리를 다시 짜라고 초청하신 셈이다. '기독교'라는 종교를 창시할 계획이 있던 것은 아니셨겠으나 예수님의 이 새로운 말씀은 결국 '묵은 포도주'를 좋다고 여기던 유대교를 넘어 새로운 부대에 담겼다.

그런 예수님을 따르기로 결심한 그리스도인이라면, 우리 역시 '모난 돌' 되기를 주저하면 안 되지 싶다. 물론 우리와 함께 살아가는 시민 공동체의 공공복리를 저해하는 방식으로 튀자는 제언은 아니다. 그것이 교회의 것이든 사회의 것이든, 우리의 공동체적 사는 방식이 어느덧 타성에 젖어 굳이 불필요한 형식을 메시지인 양 붙잡고 나와 이웃을 억압하고 위해를 가하는 '전통'이 되어버렸다면 기꺼이 '모난 돌'이 되어야 한다. 정은 피할 길이 없다. 맞게 될 것이다. 그러나 그것이 '하나님 나라'의 공동체적 질서를 이 땅에 도래하게 하는 일이라는 것을 확신하셨기에, 우리의 주님이신 그리스도께서 먼저 스스로 '모난 돌'이 되시지 않았는가. 그러니 우리가 선택할 일은 그분을 따르는 길일 뿐.

12

겟세마네 기도의 공동체적 의미

우리는 살면서 종종 선택의 기로에 놓이는 경험을 한다. 그것은 사람만의 특권이다. 인간 이외의 다른 동물들은 선택의 여지가 없는 '운명'을 살아가니까. 자주 드는 비유이지만 먹잇감의 죽음이 가엾다고 스스로 채식을 선택하는 사자는 본 적이 없거니와, 당하고 사는 것이 억울해서 근육을 키워 포식자를 향해 덤비는 토끼 역시 본 적이 없다. 오직 인간만이 사는 동안 어찌 살아갈까를 고민하고 선택한다. 성경이 '태초의 질서'라고 고백하는 바, 인간에게 주어진 '하나님을 닮은' 능력 덕분이다. 다만 인간이 하나님처럼 완전하고 완벽하지 않은지라 '잘못된 선택'을 할 가능성이 있다는 것이 문제이긴 하다. 그래도 '선한 선택'에 원칙은 있으니, 인간은 하나님께서 모든 생명에게 부여하신 존재 명령인 '살아내라'에 더하여, 선택하고 지어낼 수 있는 자유 영혼으로 '살려내라'는 구원 명령을 수행해야 한다는 것이다.

살아내고 살려내기 위한 선택을 하라! 듣기에 따라서는 분명하고 간단한 원칙이다. 하지만 한 평범한 개인으로서 '살아내는' 동안에도 선택은 어려운 법이다. 안정적으로 9급 공무원 시험을 볼까, 아니면 재능과 열정을 따라 독립다큐멘터리 감독이 될까? 졸업반 학생의 사적 고민도 쉽지 않은 난제이다. 나 역시 돌아보니 살아내는 삶의 과정에서 도저히 공존할 수 없는 두 길 가운데 어느 길을 선택할까 고민하던 순간이 몇 장면 떠오른다. 그때 내가 다른 선택을 했더라면 내 삶은 어떻게 달라졌을까? 하지만 아무리 힘든 선택인들 '살아내라'와 '살려내라'가 공존 불가능한 상황에 비할까. 예수님의 겟세마네가 바로 그런 경우였다. 내가 살려면 이웃을 살릴 수 없고, 이웃을 살리려면 내가 살 수 없었다.

예수님의 겟세마네 기도를 묘사한 본문을 읽으며 늘 궁금했다. 어떻게 기도하면 땀이 피가 되는지. 그런데 나도 한번은 비슷한 현상을 경험한 적이 있다. 물론 '살아내라'와 '살려내라' 사이의 선택에 직면해 있었던 것은 아니다. 그저 나로 살아내는 문제로 고통스러웠을 뿐. 하지만 스물다섯 살의 시점에서는 그야말로 죽고 사는 문제만큼이나 심각했다. 그래서 교회 수양관 근처에 있는 한 바위 위에서 날이 새도록 기도했는데, 정말 피처럼 진홍색의 땀이(?) 나오는 것이었다. 실제로 그런 현상을 경험하니 더욱 신기했다. '아, 간절함은 땀이 피가 되게 하는구나.' 당시는 그렇게 생각했다.

그런데 2019년 여름, 샌프란시스코의 어느 교회 특강에서 우연히 만난 한 가정의학과 의사가 그런다. 그것은 '땀이 피가 된 것이 아니라' 피부 바로 아래 땀샘 근처를 지나는 모세혈관들이 기도할 때의 압박과 혈압상승 등으로 터지는 바람에 땀과 함께 피가 배출된 것이라고. 아하! 그러니까 예수님도 십자가라는 선택지 앞에서 모세혈관이 터지도록 기도하신 것이었구나. 내 고통이 예수님의 겟세마네에 상응하는 것이라는 뜻이 결코 아니다. '예수께서도 선택의 상황에 직면하여 그렇게 인간적이셨구나!' 그런 '아하'의 깨달음이었다.

내가 살 것인가,
살릴 것인가

예수께서 십자가를 마치 '운명'처럼 받아들이셨을 것이라고 생각하는 신자들이 꽤 많다. 아니 태어나신 순간부터 십자가는 이미 운명적으로 결정되어 있었다고 말이다. 만약 그것이 사실이라면 이는 예수님의 신성과 인간성 둘 다에 대한 모독이다. 예수께서 '완전한 인간'이셨다면 그분은 늘 선택의 기로에서 갈등하셨을 것이다. 그래야 맞다. 인간이 어찌 내적 갈등이나 망설임 없이 살아갈까. 그러나 동시에 신자인 우리는 예수님을 '완전한 하나님'이셨다고 고백한다. 완전한 인간이면서 동시에 완전한 하나님이라, 이것이 어떻게 가능할까? 이에 대해서는 '공동체적 인격의 상호 구원'을 말한 앞글에서 이미 나의 이해를 나눈 바가 있다.

요약하자면, 완전한 인간이신 예수께서 동시에 '완전한 하나님'이셨다는 말은 하나님의 영과 늘 동행하신 예수님의 존재론적 상태를 의미하는 것이지, 예수님의 디엔에이(DNA) 자체가 다른 인간들과 다른 '유일한 변종'이라는 말은 아니라는 것이다. 하나님의 영과 하나 되어 '육화된 하나님'으로 살아가는 인간, 그것이 불안과 불완전과 불확실함 속에서도 언제나 '살아내고' '살려내는' 선택을 할 수 있는 '그리스도'(Christ)의 삶이라고 말이다. 그것을 '다 이루셨기에' 예수께서는 참 인간이요 참 하나님이시라고, 실은 이런 기독론이어야 다른 인간들도 '그리스도인'이 되어 그리스도께서 몸소 보이신 임마누엘의 삶을 따라 살 수 있다고 말이다.

> 이에 예수께서 제자들과 함께 겟세마네라 하는 곳에 이르러 제자들에게 이르시되 내가 저기 가서 기도할 동안에 너희는 여기 앉아 있으라 하시고 베드로와 세배대의 두 아들을 데리고 가실새 고민하고 슬퍼하사 이에 말씀하시되 내 마음이 매우 고민하여 죽게 되었으니 너희는 여기 머물러 나와 함께 깨어 있으라 하시고 조금 나아가사 얼굴을 땅에 대시고 엎드려 기도하여 이르시되 내 아버지여 만일 할 만하시거든 이 잔을 내게서 지나가게 하옵소서(마 26:36-39a)

적어도 겟세마네에서 무릎 꿇고 기도하실 때, 예수께서는 선택의 기로에서 혼자만으로는 버거울 만큼 힘드셨다. 그래서 가장 믿고 사랑하는 세 제자에게 중보를 요청하시기까지 했다. 조금 떨어진 곳에서 간절히 기도하신 예수님은 '완전한 하나님'으로 내재하시는 '아버지의 뜻'에 직면하여 인간의 갈등과 고민을 하셨다. 피가 땀이 되도록 기도하신 예수님의 결론은 물론 "아버지의 뜻대로 하옵소서."였다. 불과 한 절(39절) 안에 다 담긴 예수님의 고통스러운 마음을 우리가 어찌 다 헤아릴 수 있을까? "아버지의 원대로 하옵소서." 우리는 이 결단의 언어에 감격하고 들뜨느라 정작 예수님이 그 앞에 언급하신 "나의 원"은 무엇이었을까를 깊이 묵상하지 않고 그냥 지나쳐왔다. 그렇다면 한 인간으로서 예수님의 '원'은 무엇이었을까? 한 가지 확실한 것은 내 생명을 보존하는 것이었으리라. "정말 다른 길은 없을까요?"

치열하게 생각하고 또 생각하며, 어떻게 하면 나도 살고 이웃도 살리는 방법이 있을까 고민하셨을 것이다. 과연 십자가뿐일까? 성전을 중심으로 견고하게 특권화된 제사장들, 율법을 하나의 고착된 이데올로기로 만들어 평신도들의 삶을 억압하는 율법 교사들을 상대로 맞짱을 뜨면서 유대인 평민들에게 '하나님 나라'의 기쁜 소식을 전하는 동안 그것이 어떤 '정치적' 결과를 가져올지는 불을 보듯 뻔했다. '전통'의 이름으로 오랫동안 견고하게 쌓아올린 '나의 성'이 무너지려고 하는데, 어느 기득권층이 그저 바라만 보고 있겠나. 당시 종교 법정의 최고 권위를 가지고 있던 산헤드린에게는 사형을 집행할 권한이 없었다. 그렇다면 예수님을 제거하기 위해 그들이 노릴 수는 삼척동자도 추측 가능했다. "예수는 '하나님 나라'라는 메시아 왕국을 가르치고 다닌다. 이는 명백하게 로마제국에 대한 반역이다. 다른 나라를 도모하는 정치범 예수를 십자가에 못 박아라!" 이렇게 함으로써 제사장들과 율법 교사들은 이중의 이익을 얻을 수 있을 터였다. 종교적으로는 자신들의 견고한 성전 중심의 율법주의를 지킬 수 있고, 실세인 로마제국에게는 매우 협조적인 양 신뢰를 얻을 수 있을 테니까.

그렇다면 예수님은 어떤 선택을 해야 할까? 내가 살려면 가능성은 두 가지이다. 첫째, 지금까지의 주장을 철회하는 것이다. 마르틴 루터도 종교재판에 넘겨졌을 때 그런 회유를 제안받았다. "지금까지의 주장을 철회하라. 그러면 살려주겠다." 지동설을 지지하다가 종교 법정에 불려간 갈릴레오 갈릴레이는 그래서 자기 주장을 철회했다. "내가 잘못 말했어요. 맞아요. 돌고 있는 것은 지구가 아니라 태양이에요." 그가 겨우 목숨을 건지고 살아 나오는 길에 나지막하게 읊조렸다는 말, "그래도 지구는 돈다."가 널리 회자되고 있거니와, 갈릴레이는 살기 위해 가장 현실적인 방법을 선택한 셈이다. 자신이 속한 공동체의 집단 역학(group dynamics)을 안다면 결국 선택은 둘 중 하나이니까. 내가 진리라고 믿고 있는 바를 주장하면서 죽거나, 마음속으로 나 혼자만 그리 생각하고 현실적으로는 다수의 의견에 동조하는 척하거나.

그러나 예수님의 경우는 갈릴레이의 상황과 사뭇 달랐다. 갈릴레이가 자신의 주장을 철회했다고 해서 이웃들의 삶이 달라지는 것은 전혀 아니었다. 그 주장 때문에 자유를 빼앗기고 영혼을 저당잡힐 이유도 없었다. 그러나 예수께서 지금까지의 주장을 철회하신다면, 아니 나아가 살기 위하여 제사장들과 율법학자들의 '전통'이 진리라며 협업을 선언하신다면 어찌 되는가? 한 개인으로 보자면 예수님은 목숨을 건지는 데서 그치지 않고 꽤 근사한 자리를 차지하실 수도 있었을 것이다. 하지만 예수님을 따르던 이스라엘의 평범한 유대인들은 어찌되는가? 그야말로 기승전-도루묵이다. 어쩌면 예전보다 더 강력한 전통의 부활이 등장할 수도 있다.

그렇게까지 하지 않더라도 여전히 살 수 있는 방도는 남아 있다. 몰래 도망가는 것이다. 어차피 예수님의 공동체는 행정 관료적 조직이나 강력한 법 시스템으로 운영되는 것이 아니니 카리스마적인 지도자가 사라지면 서서히 와해될 것 아닌가. 조금 미안하지만 예수님이 살려면 이도 한 방법이었다. 하지만 그리되면 남은 이들의 향후 삶은 어찌 될까? 다시 일상으로의 복귀이다. 죄 사함의 유일한 방법으로 성전에서 속죄 제의를 드리며 사는 삶, 자녀로서의 자유로움보다는 종 된 의무감의 무게에 눌린 삶, 그것이 남은 자들의 몫일 터였다. 그 둘이 아니라면 이웃을 살리면서도 '내가 살 수 있는' 제3의 방안이 없을까? 그것이 '인간' 예수님이 '아버지께 원하던 바'가 아니었을까?

아버지의 뜻대로 하옵소서

그럼 '아버지의 뜻'은 무엇일까? 예수께서 내적으로 갈등하도록 이끈 '아버지의 뜻'은 '나의 뜻(원)'과 분명히 달랐다. 그랬으니 예수님의 마음 안에서 충돌하고 사투를 벌였겠지. 신앙인으로서, 신학자로서 나의 고백은 아버지의 뜻을 결코 '희생제물이 되는 것'으로 좁게 해석해서는 안 된다는 것이다. "난 나의 아이들이 형식에 얽매여 종교적 인간의 자유로운 영혼이 억압당하고 제한받고 갇히고 조정당하는 것을 싫어한단다. 아니, 그런 모습을 보는 것이 너무 아프단다. 그것은 결코 내가 창조한 적이 없는 '악한' 삶이지. 난 너희를 그렇게 낳아놓지 않았어. 너희는 모두 다 절대 자유인 나를 닮은 '아들들'(그리고 딸들)이다. 그러니 내 형상으로 살아내라. 예수, 네가 그리 살고 있는 것을 내가 잘 안다. 그래서 너는 나의 기뻐하는 아들이다. 하지만 다른 아이들은 어찌하느냐. 그 아이들에게도 네가 아는 그 기쁨을 알려주고 구원의 삶으로 인도하면 좋겠구나." 이것이 '아버지의 뜻' 아니었을까? 일찍이 이를 아셨기에 예수님은, 율법 정신은 상실한 채 하나의 '주의'가 되고만 형식적 유대교에 저항하신 것이리라. 제아무리 '모세의 법'이라고 해도 인간의 자유 영혼과 일상의 삶을 억압할 신적 정당성은 없다는 것이 '아버지의 뜻'이기에, 그 뜻에 따라 새로운 가르침을 선언하셨을 것이다.

예수께서 새로운 가르침을 전하시면서 모세법을 넘어서는 다른 율법 조항을 줄줄 제시하시는 대신에 비유를 선택하신 까닭도 그 때문이 아닐까? '하나님 나라는 마치 ~와 같다.' 이는 개개인에게 해석의 자유와 헌신의 깊이를 열어놓으시기 위함이었다는 생각이 든다. 아무리 완전한

'새' 율법이어도 그 또한 세월이 지나고 조직이 견고해지면 다시 누군가에게는 특권의 수단으로, 다수에게는 억압의 장치로 작동할 것을 아셨을 테니까.

내가 낳은 '아들들'(그리고 딸들)임에도 불구하고 강요하거나 강제하지 않으시는 '아버지'께서는 작은아들에게도, 큰아들에게도 스스로 깨닫고 선택할 시간과 기회, 자유의지를 허락하시는 분이다. 아버지의 답(뜻)이 있으나 '아들들'(그리고 딸들)이 그것을 깨닫고 그 뜻에 자신의 자유의지로 '아멘'이라고 화답하는 순간까지 기다리는 분이라는 말이다. 만약 예수님의 골고다가 태어났을 때부터 운명적으로 결정된 설정값이었다면 '회개와 믿음'에 대한 그분의 가르침을 설명할 길이 없다. 이전까지의 죄를 자복하고 회개하고 돌이켜 하나님의 뜻대로 사는 사람은 다 '아들'이라 칭하시고 용서하신다는 사랑의 하나님께서 왜 마지막에 가서야 굳이 '희생제물'이 필요하시겠느냐는 말이다. 그 '제물' 없이는 용서가 되지 않는다면 이는 하나님의 사랑과 은총을 제한하는 것이다.

예수님의 이름 '임마누엘'에 답이 있다. 예수님이 살아가시는 동안 하나님께서는 늘 그분과 동행하셨다. 그러나 '아들' 예수와 동행하신 하나님의 영은 결코 운명의 이름으로, 혹은 절대 신성의 권위로 강압하지 않으셨을 거다. 아들이 자신의 뜻과 같은 선택을 하기를 초청하시고 늘 기다리셨을 것이다. 그래서 '임마누엘'이라는 이름은 연약하고 불완전한 인간과 동행하시는 강하고 완전하신 하나님 그리고 그 하나님의 초청과 임재에 응답하며 연약함을 넘어서고 불완전함을 극복하는 인간, 이 둘의 공존을 뜻하는 신비한 이름이다. 겟세마네는 그 절정의 순간이었다. "나의 원대로 마시옵고 아버지의 원대로 하옵소서"라고 선언하신 바로 그 순간 말이다.

사실 영성 깊고 하나님의 영을 늘 느끼며 사신 예수님의 일상에서 '아버지의 뜻'대로 선택하는 삶은 겟네마네 이전까지는 크게 어렵지 않았을 것이다. '저 여인을 일으켜 살리는 것이 아버지의 뜻이다.' '안식일이지만 손 굽어 괴로운 사람을 회복시키는 것은 아버지께서 기뻐하시는 일이다.' 살리기를 원하시는 아버지의 뜻에 동참하는 삶이 내가 죽어야 하는 상황은 아니었기에, 영적 민감성으로 하나님과 동행한다면 '살리는' 선택은 언제나 가능했을 것이라는 말이다. 그러나 예수께서 겟세마네에서 직면하신 상황은 이전과는 사뭇 달랐다. 그들을 '살리기' 위해서는 내가 '죽어야' 했다.

십자가가
구원의 상징인 이유

> 예수께서 다시 크게 소리 지르시고 영혼이 떠나시니라 이에 성소 휘장이 위로부터 아래까지 찢어져 둘이 되고 땅이 진동하며 바위가 터지고(마 27:50-51/비교. 막 15:38, 눅 23:45)

"다 이루었다." 복음서 기록자들의 보도에 따르면 예수께서 운명하시던 순간에 성막 휘장이 찢어졌다고 한다. 성막이 무엇인가? 모두가 똑같이 하나님의 '자녀들'이건만, 특별히 성별된 제사장들만이 그 안에서 여호와와 제의적 만남을 수행할 수 있음을 상징하는 일종의 '금지된 막'이다. 종교학에서는 성스러움을 '금지된 것', '구별된 것'과 연결 지어 설명하거니와, 만약 누군가가 구별된 성막 안으로 들어갈 특권을 가진다면 그들의 존재론적·사회적 위상은 다른 사람들과 달라지게 마련이다. 그러니 중세 가톨릭의 수장 교황도 그리 외쳤던 것 아니겠나. "나는 그리스도의 대리자이다!" 교황권의 정점을 찍었다는 이노센트 3세의 말이다. 유대교 제사장들도 다르지 않았다. 성막 안에 들어가는 특권을 유지하기 위해 자신들을 '거룩하게' 구별한다는 명목으로 이웃과 유리된 삶을 정당화하지 않았는가 말이다.

성막의 휘장처럼 몸이 찢기면서까지 예수께서 포기하지 않으시고 회피하지도 않으신 '아버지의 뜻'은 바로 모든 인간이 누리는 '아들(딸) 된 삶'의 권리였다. 예수님과 동시대를 살던 유대인들만이 아니라 전 세계인 그리고 오고 또 올 모든 인간의 권리였다. 누구도 가로막을 수 없다. 우리가 십자가를 볼 때마다 기억해야 하는 교훈이다. 그래서 겟세마네는 이웃을 위해 기꺼이 '십자가'라는 선택을 받아들이기로 결심한, 즉 인간의 개체적 소원 대신에 아버지의 공동체적 회복을 선택한 인간 승리의 장소로 기억되어야 한다. 그것이 내가 이해하는 겟세마네의 공동체적 의미이고, 또한 그리스도인으로서 우리가 사는 동안 직면할 '내 삶의 겟세마네'에서 나의 원과 다른 '아버지의 뜻'을 떠올려야 하는 이유이다.

13

교회의 원리,
소유 나눔과 권위 나눔

한동안 '빚투'가 유행이었다. 대한민국뿐 아니라 세계적으로 주목을 끈 '미투'(MeToo) 운동에서 단어를 차용한 합성어이나, 전혀 다른 범주의 '고발'이었다. 미투나 빚투나 사회적 고발이라는 점은 같다. 그러나 미투가 권력형 성폭력을 공적 담론으로 끌어오는 사건이라면, 빚투는 성공한 자녀들을 둔 부모의 과거사와 연관되어 있다. 주로 연예인인 자녀들이 곤혹을 치르는 일이 많다. 하지만 직업상 겉으로 드러나는 자녀들이라서 그렇지, 부모의 빚 때문에 마음고생, 몸고생하는 자녀가 어디 이들뿐이랴. 하여 요즘 청년들의 수저계급론에는 흙수저를 능가하는 비참한 단어가 하나 더 생겼다. 빚수저!

하지만 세상 어느 부모가 자식에게 '빚'을 물려주고 싶을까? 자신을 '빚수저'라고 범주화하는 청년들의 부모 세대도 애써 살았을 것이다. 다만 개인의 성실성으로도 감당 못할 시절을 만났을 뿐이다. 대한민국 근현대사 100년이 결코 만만치 않았지만, 지난 한 세대는 전혀 다른 세상이었다. 물론 더 앞서 일제 치하나 6·25전쟁을 겪은 세대의 물리적 고생과 어찌 비교할까마는, 그래도 그 시절에는 살아남기 위해 생면부지 남이라도 서로 힘을 보태는 공동체적 문화가 있었다. 아니 아이엠에프(IMF)가 막 터졌을 때까지만 해도 집 안에 꼭꼭 숨겨둔 비상'금(金)'을 모두 나라에 바칠 만큼 '공동체'로 살아내려는 의지가 있었다. 나라의 위기를 넘기면 '우리'도 사는 것이라고 그리 믿었으니까. 그런데 어찌 되었나? 전문가 냄새 폴폴 나는 '고용유연성'이라는 단어는 IMF체제와 함께 왔다. 기업의 효율성을 높이기 위한 고용체계라는데, 기업이 잘되어 이윤이 많이 생기면 나에게도 좋은 일이거니 하던 사원들은 결국 '유연하게' 해고되었다. 대기업도 부도가 나는 마당에 중소기업, 자영업은 안전했을까. 물론 영화 <국가부도의 날>에 등장한 젊은 투자전문가처럼 이를 기회 삼아 한몫 단단히 챙긴 사람들이 없지 않았겠으나, 다수의 성실한 가장들은 자녀들에게 물려주리라고는 꿈에도 생각지 못한 '빚'을 떠안는 인생이 되고 말았다.

무엇보다 끔찍한 것은, 이 새로운 체제가 '공동체'를 철저하게 파괴해버렸다는 것이다. 생계노동을 책임지지 못하는 가장으로 인해 핵가족이 해체된 것만을 의미하는 것이 아니다. 본디 '근대'(modern)라는 세계가 개인(individual)으로 평가받는 작동 방식이긴 했지만, 그 후기 형태인 '신자유주의체제'는 공동체로 사는 법을 아예 잊게 만들었다. '너'를 경쟁자로, 내가 살기 위해 밟고 넘어서야 하는 적으로 응시하게 만들었다. 절대기준 없이 '상대적'으로 하위 10-20%는 매년, 매 분기, 아니 매달마다 유연하게 해고당하는 상황에서 어찌 구성원들이 서로 등 토닥이며 연대하여 함께 가겠나. '적자생존', '각자도생!' 정글의 법칙보다도 치열하고 외로운 싸움이 오늘날 우리가 사는 사회의 '암묵적 합의'가 되어버렸다. "교수님, 우리는 어디까지 혼자여야 하는 걸까요?" 혼자 먹는 밥도 지치고, 연애 감정마저 잊은 채 달리는 일상이 버거운 젊은 청춘이 애절하게 묻지만, 실은 나도 그도 이미 답을 안다. 적자생존, 각자도생의 마지막이 무엇이겠나. 이대로 간다면 죽음마저도 ('고독사'라는 비극적 이름으로) 외로이 홀로 감당하게 될지 모른다.

공동체에 임하는
희년의 질서

여기서 나라 탓을 하려는 것도 아니요, 부모 세대의 변명을 늘어놓으려는 것도 아니다. 다만 '빚'이 대물림되는 시스템은 그 어떤 이유도로 정당화될 수 없으며, 더구나 '하나님 나라'의 질서와는 너무나 멀다는 말을 하려는 것이다. "그래서 어쩌라고요? 성경에 나오는 빚 탕감의 메시지를 문자적으로 적용해서 모든 채무관계를 다 없애주라고요?" 다른 권고는 문자적으로 엄격하게 지켜야 한다고 목소리를 높이면서, 유독 '희년의 경제질서'를 이야기하면 곧바로 사상이 의심스럽다는 비난의 눈초리를 보내는 그리스도인이 많다. 모든 채무관계를 '무'(無)로 돌리는 문제야 개인의 신앙적 결단이니 그것을 '강제'할 수는 없다. 그러나 그것이 '교회로 사는 원리'임을 말하는 것은 기독교 사회윤리학자인 나의 책무라고 믿는다.

"곳간에서 인심 난다."라고, 내가 넉넉하면 이웃을 대하는 마음도 너그러워진다. 하나님은 사람에게 '인정'이라는 심성을 갖도록 창조하셨고, 내 눈앞에 굶주린 사람, 아픈 사람, 고통받는 사람을 보면 돕고자 하는 마음을 주셨다. 그런데 이런 마음은 언제 사라지는가? 첫째는 당장 오늘이 팍팍하며 내일이 불안한 삶을 살게 되는 경우이다. 유난히 그런 일을 많이 겪은 우리나라에서는 가끔 심상치 않은 뉴스가 나오면 마트마다 한 달 비상식량이 동이 나곤 한다. 어쩌면 사렙다 과부가 마지막 식량을 선지자 엘리야에게 내어준 것은 차라리 쉬웠는지도 모른다. 그녀의 믿음을 평가절하하는 것이 아니다. 다만 그것이 정말 마지막 음식이었다면, 어차피 먹고 죽으나 못 먹고 죽으나 그녀의 내일은 크게 달라지지 않았을 것 아닌가. 그런 마당이니 마지막 선심을 주의 종에게 베풀 수 있었을 수도…. 하지만 사람이 타인에게 인색해지는 지점은 내일 내가 살 가능성이 있는 경우이다. 넉넉지 않으나 그래도 여전히 살아남을 가능성이 있는 상황에서 사람은 이웃에 대한 나눔에 인색해진다.

그런데 전혀 다른 이유로 타인을 향한 나눔을 멈추는 사람들이 있다. 그야말로 곳간이 터질 만큼 쌓아놓고도 더욱 움켜쥐려는 부자들이다. 평생 다 쓰고도 남을 재산을 가지고도 아들 생각, 손자 생각하며 쌓고 또 쌓는 심보를 가진 사람들이다. 출생은 나의 선택이 아니건만, 이런 집안에 태어난 자녀들은 본인의 노력 없이 자동으로 '금수저', '다이아몬드 수저'가 된다. 그래서 출발선이 다른 달리기라고, 오늘의 청년들이 소리를 높이는 것이다. 학자금 대출을 끼고 4년을 공부한 젊은 제자들은 서른이 넘도록 대출금을 갚고 있다는데, 학교 식당 밥이 맛이 없다며 몇몇이 우르르 몰려나가 먹은 학생들의 한 끼 식사 비용이 백만 원을 훌쩍 넘겼다는 소리도 듣는다.

"그럼 백만 원짜리 저녁 먹는 애들 집에서 돈을 뺏어다가 서른 넘도록 학자금 대출도 못 갚는 애에게 주자는 건가요?" 설마, 그렇게 말하는 것이라면 난 정말 '공산당'이다. 프롤레타리아트 혁명을 주장하는 것이니까. 하지만 '희년의 질서'는 공동체 구성원 개인이 공동체 전체를 생각하여 자발적으로 결단하라는 하나님의 초청이다. 공산주의와 기독교 경제 질서에 가장 큰 차이가 있다면 그건 바로 '자발성'이다. 재산의 반을 가난한 사람에게 주겠다고 선포하고도 그것을 기뻐하면서 아이처럼 웃을 수 있었던 삭개오는 그 자발성을 가진 사람이다. 물론 사람으로는 하지 못한다. 공동체 안의 '너'를 타자가 아닌 이웃으로 응시하는 시선과, 기꺼이 나의 것을 나누고자 하는 마음을 하나님께서 주셔야 가능하다.

그렇다면 평소에 개인적 자발성으로 그리 나누고 살라 하시지, 일종의 '강제성'을 띠는 희년법을 정해 50년마다 빚 탕감을 명령하신 까닭은 무엇일까? 사회학자로서 나의 깨달음은 그것이 제도의 특성을 고려한 규범이라는 것이다. 아무리 평등을 지향하는 제도라고 해도 한 세대를 지나다 보면 공동체 안에 차별이 '쌓이게' 마련이다. 인간의 능력이 다르니 어쩔 수 없다. 하나님은 사람을 똑같이 지어내지 않으셨고, 특정한 제도 안에서는 특정한 능력을 가진 사람들이 유리한 법이다. 결국 부와 권력은 그 유리한 능력을 가진 사람에게 몰려간다. 그것이 물리적 힘인 시절이 있고 전문지식인 시절이 있는 것이다. 그렇기 때문에 내가 태어난 현재의 사회제도 안에서 내가 경쟁력을 가지고 있다면 그것은 '우연한 축복'이지 내가 누려야 할 배타적 권리는 아니다. 다시 말해 집안의 재력만큼이나 나의 재능도 내 노력이 아닌 하나님의 선물이라는 것이다. 그러니 나누어야 한다. 기껍게 하지 못하겠다면 '제도적'으로라도 매 50년마다 '희년'을 선포하고 실천하라고, 하나님께서 그렇게 명령하신 것은 바로 이 때문이 아닐까? "내가 너에게 선물로 준 능력이 '하필' 지금 이 세상에서 살아가는 데 유리하게 작용하여 부와 권력을 축적했다면, 그래서 누군가에게 '채권자'의 삶을 살고 있는 상황이라면, 감사의 표현으로 적어도 네 인생이 다할 즈음에는 빚을 탕감해주어라. 자녀에게까지 빚을 대물림하게는 하지 말아라. 그러니 안식년이 일곱 번 돌아온 다음 해에 뿔나팔이 울리거든 기꺼이 너도 희년의 질서에 참여하여라." 하나님께서 이스라엘 공동체에게 '희년'이라는 질서를 선포하신 것은 바로 그런 뜻이 아니었을까?

교회, 형제자매 된 가족 공동체

"아니, 그건 이미 우리나라 법제도에서도 가능해요. 부모가 개인파산을 신청하면 되는 거잖아요. 그럼 자녀가 빚을 물려받을 일도 없어요. 부모님이 자존심 상하긴 하시겠지만 잘 설득해 보라고 하세요." 이렇게 야무지게 말하는 신앙인이 있다면, 그는 경제법에는 매우 밝으나 교회의 원리는 제대로 묵상하지 않은 사람이다. 희년의 질서를 '적극적'으로 해석하지 않았기 때문이다. 이 질서는 채무관계의 해제만을 의미하지 않는다. 희년의 질시가 공동체의 일상이 되게 하는 것까지 가야 한다. 삭개오가 기꺼운 소유 나눔을 선포했을 때 예수님은 분명 "오늘 이 집(오이코스)에 구원이 이르렀다."라고 말씀하셨다. 당시 '오이코스'란 자립 경제가 가능한 제도적 단위였다. 삭개오를 가장으로 하되 그의 직계 가족은 물론 노예와 소작농의 가족도 다 포함된 일종의 '확대 가족'인 셈이다. 그런데 '가장'인 삭개오가 그 공동체가 사는 방식을 바꿨다.

> 삭개오가 서서 주께 여짜오되 주여 보시옵소서 내 소유의 절반을 가난한 자들에게 주겠사오며 만일 누구의 것을 속여 빼앗은 일이

> 있으면 네 갑절이나 갚겠나이다 예수께서 이르시되 오늘 구원이 이 집에 이르렀으니 이 사람도 아브라함의 자손임이로다 인자가 온 것은 잃어버린 자를 찾아 구원하려 함이니라(눅 19:8-10)

이제 이 집안에서는 속이고 빼앗는 일이 없을 것이다. 오히려 가난한 이들과 자신의 소유를 나누어 쓰며 살겠다는 가장의 '돌이킴'이 공동체에 임했다. 적어도 삭개오의 오이코스만큼은 앞으로 굶어 죽거나 아파서 고통받는 이가 없을 것이다. 배고픈 자는 배불리 먹게 될 것이고 아픈 자는 적절한 치료를 받게 될 테니까. 이것이 바로 예수께서 나사렛 회당에서 이사야서를 읽으며 선언하신 '희년의 질서'가 아니겠는가. 이 집안 사람들은 다 '살게' 되었다. 예수님의 말씀처럼, "오늘 구원이 이 집에 이르렀다."

이 희년의 질서를 내가 속한 공동체 안에서 살아내는 것, 그것이 '하나님 나라'의 통치 질서를 받아들이는 신앙인의 삶이라고, 초대교회 공동체의 일원들은 모두 그리 알고 믿고 실천했다. 사도행전은 초대교회가 모이기를 힘썼을 뿐만 아니라 나눔이 일상이었음을 증거한다. 가장 큰 핵심은 '기꺼운' 나눔이다. 아나니아와 삽비라가 벌을 받은 것은 '자기들만을 위하여 남겨놓은 분량' 때문이 아니라 내어놓은 분량이 자신들의 전부라며 성령을 속인 까닭이다. 재산의 반을 내어놓은 삭개오를 기뻐하시며 공동체의 구원을 말씀하신 예수님이신데, 설마 전부를 내어놓지 않았다고 노하셨을까.

나눔의 분량이 아니라 '너를 살려내기 위해', 즉 함께 살기 위해 나의 것을 나누는 행위가 중요하다. 하나님을 '아버지'로 모시는 한 가족이 아닌가. 계산하고 재고 할 것 없이 상황에 맞춰 기꺼이 서로 돕고 사는 것이 가족이 사는 원리이다. "너는 벌이가 시원찮으니 오늘 저녁은 굶어라."라고 말하는 어머니가 어디 있을까? "제 연봉이 더 높으니 고기반찬은 저만 먹을게요."라고 우기는 자녀는 필시 아버지에게 뒤통수를 한 대 얻어맞을 것이다. 더 연약할수록, 더 상황이 나쁠수록 오히려 마음이 가고 숟가락에 반찬 하나 더 올려놓게 되는 것이 가족이 사는 방식 아닌가. 바로 그 가족의 울타리를 한없이 넓히라는 것이 예수님의 가르침이요, 하나님의 뜻이다.

교회, 권위 나눔을 통해 함께 지어져 가는 하나님의 처소

또한 예수께서 선포하신 하나님 나라를 현재적 모습으로 살아내려는 '교회'는 권위를 나누는 공동체이다. 초대교회 세례의식에서 고백된 신앙은 사도바울의 증언처럼 모두가 다 평등한 지체 됨을 핵심으로 했다.

> 너희가 다 믿음으로 말미암아 그리스도 예수 안에서 하나님의 아들이 되었으니 누구든지 그리스도와 합하기 위하여 세례를 받은 자는 그리스도로 옷 입었느니라 너희는 유대인이나 헬라인이나 종이나 자유인이나 남자나 여자나 다 그리스도 예수 안에서 하나이니라(갈 3:26-28)

정말 그랬다. 초대교회 시절에만 그러했던 것이 아니다. 교회의 작동 원리를 제대로 받아들인 신자는 어느 시절, 어느 곳에서나 인간적인 제도의 제약을 뛰어넘어 교회 안의 구성원을 평등하게 대했다. 한국 개신교 선교 초기에 샘 무어(Sam Moore)의 전도로 기독교도가 된 백정 박 씨의 이야기는 교회의 권위 나눔을 가장 잘 보여주는 사례이다. 천민 중에서도 가장 낮은 계층, 사람과 금수 사이 어디쯤으로 응시되던 백정의 삶을 살던 박 씨가 한번은 장티푸스에 걸려 죽을 뻔했다. 그런데 그때 임금의 시의인 서양인 선교사가 백정인 그를 치료하러 한걸음에 달려왔다. 사람을 평등하게 사랑하는 것이 그리스도인이 사는 방식임을 배운 뒤에 박 씨는 개종을 했고 같은 백정들에게 전도를 했다.

> 여름이 되면서 백정 6명이 교회에 들어왔고 박 씨 집에서 매일같이 성경공부를 했다. 백정의 수가 계속 늘어나고 교회 일에 참여하게 되자 양반 교인들은 더 이상 참을 수가 없었다. 그래서 "선교사들이 현 사태를 수습하려는 태도에 실망했다."고 하면서 교회를 떠나 새로운 회집을 했고… 그러나 삼 년이 못 되어 두 개의 회집은 서로 재연합하여 중앙교회를 이룩했다. 첫 4년 동안에 108명의 성인이 세례를 받았는데 그중에 30명이 백정이었다.[3]

교회 구성원이던 양반들 입장에서 백정을 형제자매로 여기기가 어디 처음부터 쉬웠을까? 그러니 떠났겠지. 하지만 '교회로 산다'는 것에 대한 성경 말씀을 계속 묵상하면서야 어찌 따로 모일 수 있었겠나. 이후로도 이 교회는 백정 수가 많다는 이유로 비난을 받고 서울의 다른 교회들에 비해 성장이 느렸다고 한다.

---

3 마서 헌트리, 차종순 옮김, 『한국 개신교 초기의 선교와 교회 성장』(서울: 목양사, 1985), 150-51.

교회의 원리대로 사는데 오히려 비난을 받았다는 중앙교회의 사연은, '권위 나눔'이라는 교회의 공동체적 원리가 쉽게 실천되는 것이 아님을 보여준다. 신분제 막바지이던 그 시절만의 어려움이 아니다. 신(新)신분제라고 불리는 요즘도 마찬가지다. 권위 나눔을 인정하는 것도 어렵거니와, 이를 살아내는 것은 더욱 어렵다. 실천은 하나님으로부터 나야 가능하다. 단기 알바, 하청직원에게는 기본적인 인권마저 보장되지 않는 이 세상을 전부 다 바꿀 수는 없겠지만, 적어도 내 교회, 내 직장에서만큼은 시작할 수 있지 않을까? 물론 쉬운 일이 아님을, 비난도 불이익도 감수해야 함을 우리는 안다. 어느 시절보다 '개별자'로 경쟁적 삶을 사는 데 익숙한 우리에게는 더구나 도전적인 원리이다. 권위 나눔이라니! 이것이 윤리적 당위 명령이든, 신앙적 초청이든 수행성의 동력은 머리도 가슴도 아니다. 오직 성령 안에 거하는 자라야 가능하다. 그래서 사도 바울도 에베소서 2장 22절에서 그리 말한 것이다. "너희도 성령 안에서 하나님이 거하실 처소가 되기 위하여 그리스도 예수 안에서 함께 지어져 가느니라." 그렇게 함께 지어져 가며 하나님의 처소가 되는 삶을 살아내야 비로소 우리는 교회라 불릴 자격이 있다.

14

신앙과 제도 사이,
교회 직분에 대하여

외우기도 좋고 보기도 좋은 숫자가 나란히 놓인 2020년 새해를 맞이할 때만 해도 이럴 줄은 몰랐다. 물론 그 이전이라고 사는 게 만만한 것은 아니었다. 수년 전부터 우리에게 익숙한 제도가 수명을 다한 듯 보이는 징후들은 있었다. 특히나 고용유연성, 비정규직, 희망퇴직, 탄력근무제와 같은 단어들과 함께 찾아온 신자유주의적 경제제도는 우리의 일상을 위협했다. 근면 성실하다고 해서 안정적 생계를 확보할 수 있는 것이 아님을 절감케 했다. 그렇다고 자영업이 답인 상황도 아니었다. 명예퇴직 등의 비자발적 퇴직 이후 유행처럼 시작된 '치킨집'은 생계의 대안이 될 만큼 성공한 사례보다는 오히려 퇴직금만 날린 경우가 훨씬 더 많았다. 오죽하면 청년들 사이에서 '기승전-망(亡)'이라는 자조적 평가가 유행했을까. 그래도 '이공이공' 새해를 시작하면서 남다른 각오와 희망을 품은 사람들이 많았을 것이다. '그래, 하늘이 무너져도 솟아날 구멍이 있다는데, 한번 새 마음으로 시작해보자!' 그런데 구정을 전후하여 낯선 이름의 바이러스가 등장했다. 코로나19! 메르스도 스페인독감도 무서웠지만 다 지나가지 않았던가. 하여 처음엔 이 또한 그냥 지나가는 유행병이거니 했다.

그런데 미래학자들도 의사들도 정치가들도, 아니 거의 모든 지도자가 '포스트코로나' 사회를 준비해야 한다고 엄포를 놓는다. '포스트'(post)라는 말은 결코 그 상황이 사라졌다거나 지나갔다는 의미가 아니다. '포스트 식민'이라는 말이 식민 경험을 한 사람들의 트라우마와 삶의 조건을 함께 껴안고 살아가야 하는 것처럼, '포스트모던'이 모던을 완전히 해체하는 것이 아니라 모던한 제도가 생산한 부작용을 마주하면서 갈등하고 해결해야 하는 것처럼 '포스트코로나' 역시 코로나를 가뿐하게 종식시키고 바로 한 해 전의 일상으로 돌아가면 되는 것이 아니라는 말이다.

교회도 그렇다. 주일성수의 거룩한 일상인 공(公)예배가 제한받고 속회나 구역회, 셀 모임 등의 소그룹 모임이 행정명령으로 금지되어 얼마나 당황했는가. 그러나 코로나가 종식될 날만 기다려서 될 일이 아니다. 행여 '그날'이 온들 교회로 모이는 우리의 일상이 이전과 같은 방식이 되리라 기대해서도 안 된다. 그러면 안 된다는 말이 아니라 어차피 그럴 수 없다는 말이다. 이러한 '비자발적 멈춤'이 누군가에게는 애통할 일이고 누군가에게는 분노할 일이겠지만, 우리가 선택하지 않은 상황이 주어졌다면 기왕 '강제로 멈춘' 김에 한번 진지하게 물을 일이다. 이스라엘도 일상이 강제로 멈춰진 포로기에 '길 위에 서서' 자신들의 신앙의 정수를 다시 점검하지 않았던가! "이것은 하나님의 심판인가? 왜 하필 이 시점에 우리에게?" 이런 질문을 하는 신학자나 목회자들이 있는 것을 안다. 그러나 오늘 나의 질문은 다르다. "우리에게 너무나 익숙한 지금의 예배 방식, 교회로 존재해온 방식은 과연 본질적인가?" 이참에 교회의 작동 방식을 다시 한 번 점검해보자는 초청이다.

성직 위계,
목사님은 '교회의 아버지?'

최근 수도권에 있는 큰 교회 담임목사로 부임한 지인이 경험한 이야기로 시작해본다. 취임 후 설교를 하기 위해 목사 가운을 입으려는데 비서가 와서 입혀주더란다. 손발 멀쩡한 본인이 늘 입던 가운인데, 환자도 아니고 왕도 아니고 두 팔을 벌리고 수동적으로 서 있어야 하는 것이 여간 불편하고 민망한 일이 아니었다고 한다. 그래서 이전 교회에서는 스스로 입었다고 설명하며 정중하게 사양을 했는데, 교회의 오랜 의전이라면서 비서가 오히려 정색을 하더란다. 비서가 바쁠 때는 예배부 담당 권사님 두 분이 함께 들어와 보조해주시는데, 목사 가운을 마치 금 에봇 보듯 영광스럽게 바라보고 만지는 것 자체를 감격스러워하며 "이런 순간 아니면 언제 직접 만져보겠어요?"라면서 옷을 입혀주니 거절도 하지 못하겠다며 호소했다.

같은 상황을 경험한 것은 아니지만 무슨 느낌인지 어느 정도는 알 것 같았다. 나는 특강을 많이 다니는 편인데, 의전을 하는 모습을 보면 그 교회 목사님의 위상이나 평신도와의 관계를 금세 파악할 수 있다. 특강 직전 보통은 목사실에서 간단한 담소를 나누며 대기하는데, 교회 규모에 비해 담임목사실이 으리으리한 곳이 꽤 많다. 화장실도 별도로 있고 탕비실도 구비되어 있다. 물론 집중하여 설교 준비를 하고 기도하다가 예배실로 올라가도록 배려한 것이리라. 하지만 그런 공간에 앉아 있으면 어느덧 나조차 뭔가 특별한 사람이 된 듯 착각이 일 것 같다. 반면 교회 건물에 공동으로 사용할 수 있는 열린 공간이 많고 목사실조차 진입장벽이 없는 경우도 있는데, 그런 교회의 목회자와 평신도 간 소통은 상당히 자유롭고 개방적이다. "목사님 커피 드실래요? 제 거 내리는 중인데." 한 집사님이 가볍게 묻는다. "앗, 정말요? 그럼 완전 감사하죠. 다음 주일에 제가 조금 더 일찍 와서 바리스타 하겠습니다." 무례하지 않은 선에서 자유롭게 서로 배려하는 따듯한 대화는 교회의 개방적 공간배치와 긴밀한 연관이 있다.

예배 설교나 특강을 마치고 교회 식당에서 함께 식사를 할 때도 마찬가지다. 보통 교회 식당에서는 도착한 순서대로 일렬로 줄을 서서 배식을 받는데, 모든 교인과 인사를 마치고 내려오는 목회자는 항상 늦을 수밖에 없다. 그때 목사님이 아무렇지도 않게 맨 뒤에 줄을 서는 교회가 있다. 성도들은 목사님과 반갑게 눈을 맞추고 인사를 하지만, 먼저 앞으로 가시라든가, 아니면 앉아 계시면 가져다 드리겠다든가 하는 제안은 하지 않는다.

하지만 동선까지 고려하여 마치 귀빈 모시듯 군집한 성도들 사이사이를 가로지르며 안쪽에 따로 준비한 공간으로 안내를 하는 교회도 있다. 사회학적 관찰을 즐기는 편이라 그런 경우엔 안내를 따라 들어가면서 슬쩍 식탁 위에 놓인 반찬들을 살펴본다. 아, 그럴 줄 알았다. 평신도 상에 오른 음식과 목사님 식탁에 오른 음식의 종류나 질이 확연하게 다르다. "에이, 외부 강사가 오셨으니 특별히 대접하느라고 그렇겠죠." 물론 그런 경우도 있을 수 있다. 하지만 후자의 교회에서 흔히 보는 광경은 나의 추측에 확신을 더하게 한다. "어떻게, 요즘 아무개는 잘 지내나?" 어머니 연배는 되어 보이는 연세 지긋한 권사님에게 젊은 목사님이 자연스럽게 하대하는 듯한 반말을 건네고, 그 권사님은 그것이 일상인 듯 목사님께 극존칭으로 대답하는 모습을 보면서 말이다.

성직 위계는
교회의 본질적 요소인가

분명 성직 위계의 기준은 나이도 학력도 세상 권력도 아니다. 성직자와 평신도라는 교회 직제에 따른 것이다. 교회에서 성직자는 '영적 아버지'의 권위를 가지기 때문이다. 그런데 그게 참 이상하다. 교회가 무엇인가? 세상 사람들이 승자독식의 사회를 만들고 부와 권력을 독점하려고 아귀다툼을 하는 상황에서도, 교회로 사는 사람들은 권위를 나누고 소유를 나누며 서로를 '하나님의 자녀'요 형제자매로 평등하게 대하고, 서로 존중하며 살아가는 종말론적 공동체여야 하지 않는가 말이다. 더구나 세상에 대하여 대안적 공동체요, 대조사회로 살아가는 '하나님의 오이코스(가문)'에 행여 '가장'이 존재한다면 이는 '아버지' 하나님이셔야지 어찌 목사가 될 수 있겠는가?

일찍이 춘원 이광수는 한국교회를 보고 있자면 "기껏 유교의 독재를 벗어났는데 새로이 독재자를 만난 기분"이라고 비판한 바 있다.[4] 목회자들이 보이는 권위의식이 교회 구성에서 비본질적인 것을 알고 이를 혐오한 몇몇 엘리트 평신도들은 제도적 위계를 '무'(無)로 돌리는 에클레시아를 자발적으로 시작하기도 했다.[5] 그들의 비난이나 탈주에 전적으로 동

---

4 이광수, "금일 조선 야소교의 결점", 『전집』 17(서울: 삼중당, 1963), 20-26을 참조하라.

5 「성서조선」 동인들이 주축이 된 무교회운동은 교파주의적 갈등을 함께 가지고 들

의하자는 말이 아니다. 오늘날에도 신앙은 가지되 교회를 떠나는 '가나안 교인'이 전체 교인 수의 10%를 넘어간다고 하지 않는가. 여러 기관에서 그들이 교회를 떠난 이유를 묻는 질적 조사를 수행하고 있는데, 대부분 교집합 지점에서 여지없이 등장하는 것이 '성직자의 독재 혹은 일방적인 목회 방식'이다. 코로나 이후의 교회는 더욱이 그러한 방식이 통하지 않을 것이다. 그래서 물어야 한다. 그리스도인도 염증을 느끼고 떠나가게 만드는 성직 위계는 교회로 존재하기 위해 근본적인 것인가? 그것은 신적 정당성을 갖는가? 신적 정당성과 상관이 없다면 어쩌다 생긴 '공동체적 습관'인가?

적어도 '성직 위계'는 예수께서 세우신 위계가 아닌 것은 분명하다. '인간의 몸으로 오신 하나님'이심에도 예수님은 우리를 '친구'요 '형제자매'라고 칭하셨기 때문이다. 누구든지 왕 노릇, 선생 노릇, 아버지 노릇하지 말라고 경고하신 분이다. 그 말은 인간은 다 평등하다는 말이고, 이를 성실하게 따른 초대교회는 그래서 로마의 신분제나 가산제, 가부장제를 초월하여 급진적인 평등의 공동체를 이루고 살 수 있었다. 그렇다면 혹시 대규모의 인원을 관리하기 위한 기능적 위계였을까? 하긴 사도행전을 보면 기능적 분업은 초대교회에도 있었다.

어온 개신교 신앙을 접하며 개혁신앙의 알짬은 수용하되, 유럽과 미국 상황에서 발생한 교파는 극복해보려고 시도한 한국적인 주체적 기독교운동의 한 사례이다. 무교회운동은 그리스도인의 코이노니아를 전면 부정하거나 에클레시아의 본질을 거부하는 것이 아니라, 비본질적 제도를 절대시하는 형식주의적 태도에 대한 저항이었다. 이에 대한 정보와 평가는 한국 무교회운동을 연구한 결과물을 박사학위 논문으로 제출하고 이를 한글로 풀어낸 필자의 책, 『우리의 사랑이 義롭기 위하여: 한국교회가 무교회로부터 배워야 할 것들』(서울: 대한기독교서회, 2005)에서 밝힌 바 있다.

> 그 때에 제자가 더 많아졌는데 헬라파 유대인들이 자기의 과부들이 매일의 구제에 빠지므로 히브리파 사람을 원망하니 열두 사도가 모든 제자를 불러 이르되 우리가 하나님의 말씀을 제쳐 놓고 접대를 일삼는 것이 마땅하지 아니하니 형제들아 너희 가운데서 성령과 지혜가 충만하여 칭찬 받는 사람 일곱을 택하라 우리가 이 일을 그들에게 맡기고 우리는 오로지 기도하는 일과 말씀 사역에 힘쓰리라 하니 온 무리가 이 말을 기뻐하여 믿음과 성령이 충만한 사람 스데반과 또 빌립과 브로고로와 니가노르와 디몬과 바메나와 유대교에 입교했던 안디옥 사람 니골라를 택하여 사도들 앞에 세우니 사도들이 기도하고 그들에게 안수하니라(행 6:1-6)

초대교회 일곱 집사 선정에 대한 본문이다. 교회의 원리대로 소유 나눔을 철저하게 실천한 초대교회는 일상의 생계를 위협받는 가난한 자들에게 '생존의 공간'이었다. '매일의 구제'라고 하지 않았나. 예수님의 기도문에서처럼 "오늘 우리에게 일용할 양식을 주시옵고"는 결코 개인적 생계에 대한 간구가 아니었다. 나만 일용하면 된다는 의미가 아니다. '우리'가 일용해야 한다. 그것을 알았기에 초대교회는 당시의 사회제도나 가족관계망이 생존을 보장하지 못하는 과부들에게 매일의 구제를 제공하는 것을 교회 본연의 사명으로 알고 수행해온 것이다.

교회 규모가 작을 때에는 사도들이 다 감당을 했는데, 알다시피 '베드로의 한 번 설교에 3,000명씩 신자가 느는' 폭발적인 성장을 감당하기에는 역부족이었다. 말씀 전하는 일에 지장을 줄 만큼 힘겨웠고, 무엇보다 예수님의 첫 제자들이 주로 유대인이다 보니 헬라 문명권에서 나고 자란 헬라파 과부들과는 소통이 어려웠던 것 같다. 하여 일종의 '기능적 분업'

을 제안한 것은 맞다. 하지만 분업을 하였다고 해서 위계가 있었다는 것은 아니다. 직분의 선정 또한 사도들이 일방적으로 하지 않았다. 일곱 집사를 택한 것은 교회 구성원 전체가 함께 의논하고 선정한 일이었다. 사도들에게 특별히 남다른 '영적 권위'가 있어 말씀을 전한 것도 아니다.

초대교회 당시 '사도'라는 칭호를 받을 수 있는 조건은 예수님의 공생애 3년을 함께한 제자여야 한다는 것, 그리고 성령 체험의 장소인 마가의 다락방에서 부르심을 받은 사람이어야 한다는 것 두 가지였다. 복음서가 기록되고 단행본이 있었다면야 사도들의 역할이 그렇게나 절대적이지 않았겠지만, 적어도 처음 한 세대 동안 예수님의 행적과 메시지는 사도들의 입을 통해서만 전달 가능했다. 그러니 '입'의 역할에 충실해야 하는 사도들의 역할은 필수적일 수밖에. 흔히 유기체적 공동체의 역할을 비유하면서 신체 기관을 말한다. 사도 바울도 즐겨 사용한 메타포였다. 입과 손과 발, 분명 '구별'된 역할을 수행하나 똑같이 소중한 존재이다. 은사의 기원도 같다. 그러니 모두가 다 중요하다.

> 은사는 여러 가지나 성령은 같고 직분은 여러 가지나 주는 같으며 또 사역은 여러 가지나 모든 것을 모든 사람 가운데서 이루시는 하나님은 같으니 각 사람에게 성령을 나타내심은 유익하게 하려 하심이라 어떤 사람에게는 성령으로 말미암아 지혜의 말씀을, 어떤 사람에게는 같은 성령을 따라 지식의 말씀을, 다른 사람에게는 같은 성령으로 믿음을, 어떤 사람에게는 한 성령으로 병 고치는 은사를, 어떤 사람에게는 능력 행함을, 어떤 사람에게는 예언함을, 어떤 사람에게는 영들 분별함을, 다른 사람에게는 각종 방언 말함을, 어떤 사람에게는 방언들 통역함을 주시나니 이 모든 일은 같은 한 성령

이 행하사 그의 뜻대로 각 사람에게 나누어 주시는 것이니라(고전 12:4-11)

즉 사도들의 역할이 '입'이라면 집사가 받은 은사의 역할은 '손'인 셈이다. 하지만 집사들이라 하여 배타적으로 '손'의 역할만 한 것은 아니었다. 스데반은 기독교의 복음을 공격하는 사람들 앞에서 변론을 하기도 했다. 사도행전 6장 10절은 이렇게 기록한다. "스데반이 지혜와 성령으로 말함을 그들이 능히 당하지 못하여." 순교 직전의 설교는 이스라엘의 역사를 구원사적 시점에서 정리한, 방대하고 깊은 내용이었다. 그러니까 '집사' 스데반은 손 봉사만 한 것이 아니다. 사도라고 손 봉사를 금지하고 집사라고 입의 전파를 금지한 것은 아니었다는 말이다. 더구나 이 두 기능은 결코 위계적이지 않았다.

결국 성직 위계는 기독교가 '제국'의 종교가 되어간 까닭에 생겨난 것이다. 로마가 무력으로 영토를 확장하면서 중앙집권적 통치가 필요했듯이, 기독교 역시 '복음의 영토'를 확장해가면서 '통일된 믿음', '중앙집권적 지도력'이 필요했다. 전자는 교리화로, 후자는 성직 직제화로 굳어진 것이 오늘날의 성직 위계를 고착시킨 셈이다.

"하지만 종교개혁은 중세의 교황권을 흔들었는데요?" 맞는 말이다. 하지만 오랜 문화적 습속은 쉽게 사라지지 않는다. 개신교도들에게 교황청의 권위는 사라졌을지언정 개교회 목사님을 향한 신적 복종의 자세는 쉽게 없어지는 것이 아니었다. 더구나 우리나라의 경우는 '군사부일체'라는 유교적 가치가 함께 작동하여 스승[師]이며 영적 아버지[父]인 목사님을 마치 '왕'[君]처럼 모시는 극단적 사례로 발전했다. 또한 산업화와 발맞춰 급격한 성장을 이룬 한국교회의 특수성은 카리스마적인 개인 목사의 역량에 대한 의존도가 높았다. 결국 '삼박자'가 잘 맞은 셈이다.

'헤쳐 모여'로 이루는 생존 공동체

그러나 기억할 것은 교회 내 직분 분업의 목적이 '매일의 구제'와 '영적 구원을 위한 메시지 전달'이었다는 사실이다. 그나마도 날카로운 경계가 있는 것이 아니었고 위계는 더더욱 부재했다. 이 사실이 포스트코로나 교회를 준비하는 우리에게 시사하는 점은 무엇일까? 꼭 주일 11시 대예배를 통해서 담임목사님의 설교 말씀을 듣는 것'만'이 신도 공동체로서 신앙과 정체성을 지키는 일인지, 과연 개교회별 단위로 지금의 건물 상태, 지금의 직제 구조, 지금의 모임 형식을 그대로 유지하는 것만이 세상의 위협에 타협하지 않고 세상의 대안이 되는 종말론적 공동체로 존재하는 것인지, 교회의 처음 모습을 회고하며 이런 근본적인 교회론적 질문을 다시 해보자는 것이다.

'사회적 거리 두기'가 중요하니 신앙인 단독자로 혼자서 믿음생활을 하라는 말은 아니다. 예수께서도 그분의 이름으로 모인 두세 사람, 그들이 모인 곳에 함께하시겠다 약속하셨으니(마 18:20), 그것이 에클레이시아의 가장 작은 단위인 이상 혼자서는 결코 교회일 수 없다. 우리는 어떤 방식으로든 그리스도의 이름으로 모인 공동체여야 한다. 하지만 새로운 방식의 '헤쳐 모여'가 필요하다. 어차피 처음 시도하는 '헤쳐 모여'도 아니다. 처음 가정교회로 시작한 기독교가 제국의 종교가 되면서 건물 중심의 예배 공동체를 가능하게 했지만, 개신교 이전의 가톨릭적 상상력은 지역 분할로 교인들을 배치하는 것이었다. 국교가 된 이상 자발적 선택권은 없었다. 그러나 그 방식이 부패하고 타락했을 때, 개신교는 교황청의 메시지를 하향 전달하는 중앙통제 방식을 그쳤고, 교회 멤버십 또한 신앙의 선택권으로 부여하면서 새로운 '헤쳐 모여'를 시도했다.

그러나 시대와 상황과 이유에 따라 아무리 새로운 '헤쳐 모여'를 시도한다고 해도 교회의 본질은 붙잡아야 한다. 하나님을 향한 '예배'와 성도간의 '권위 나눔', 매일의 구제가 가능한 '소유 나눔' 말이다. 코로나 사태는 장기화하면서 자립력이 없는 개별 교회는 물론 시민사회 구성원들의 삶도 지속적으로 그리고 위협적으로 무너뜨릴 것이다. 코로나가 아니었더라도 '생각하는 기계'의 출현을 의미하는 4차 산업혁명은 곧 수많은 일자리를 인공지능 로봇으로 대체할 판이다. 이는 인류 80%의 생존을 흔드는 문명적 진행 방향이다. 코로나는 다만 이 방향으로의 전진을 가속화하고 있을 뿐이다. 이런 시절에 목회자의 권위를 따지고, 개별 교회의 구성원 수와 헌금 증감을 따지며 일희일비해야 할까? 우리 교회는 온·오프라인을 병행하며 대처했기에 교인 수도 줄지 않았고, 헌금 액수도 변동 없다고 안심해야 하는 문제일까? 보다 큰 시각에서 '교회' 되기를 재고해야 한다. 우리는 하나님께서 우리 각자에게 주신 '동등하나 구별된 재능'을 합하여 새로운 방식으로 하나님의 교회, 즉 생존 공동체가 되어야 한다. 그 긴박한 소명이 우리에게 주어져 있다.

IV

오늘, 여기에서 다시 교회로 살기

15

혼밥·혼술 시대, 성경에서 찾는 '마주봄'의 신비

"지금이야말로 등급을 올릴 수 있는 절호의 기회야. 전교 2등인 혜나는 죽었고, 3등인 우주는 피의자로 잡혀갔어. 그리고 1등인 예서는 좋아하는 우주가 잡혀갔으니 정서가 흔들릴 거야. 이럴 때 치고 올라가야 해." 2019년 초 대한민국을 떠들썩하게 만든 드라마 <스카이캐슬>에서 차민혁 교수가 쌍둥이 아들들에게 한 대사이다. 다소 과장되어 있지만, 등급경쟁을 위해 친구마저 외면하라는 아버지의 말은 무한경쟁의 후기-근대(late-modern)사회를 사는 우리에게 익숙한 조언이다. 극중 자수성가형 인물인 차 교수는 집 안에 커다란 피라미드 조형물을 전시해놓고 자녀들에게 늘 꼭대기로 올라가라고 강압적으로 교육한다. 차 교수와 막상막하인 입시 전문 코디네이터 김주영 선생도 마찬가지다. 자신이 맡은 아이들에게 늘 최면을 걸었다. "너만 생각해. 너를 방해하는 것들은 다 적으로 돌려. 그게 네 엄마라도 말이야."

결국 관계하지 말라는 말이다. 입시 전쟁에서, 나아가 승자만이 살아남는 무한경쟁의 자리싸움에서 최종 승리를 거머쥐려면 철저하게 혼자 뛰면서 '나'만 생각하라는, 어른들의 가르침이다. 그런데 놀라운 것은 시청자들의 반응이다. "예서야, 서울 의대 꼭 가자." "한 학기만 참으면 돼." 불의에 눈을 감는 부정한 방법으로 자기 성적을 지키려는 등장인물의 갈등 상황에 달리는 댓글들이 가히 놀랍다. 정확하게 '제도적 감정'이다. 개인의 입장 차이야 천태만상 다양하겠지만, 지배적인 제도 안에서 살아가면서 표출되는 감정은 비교적 공통적이다. 1등만 살아남는 정글 같은 세상, 서바이벌이 일상인 후기 근대의 무한경쟁 사회를 살아가다 보니 어느덧 갖게 된 '문화적 당연'이다.

'1인 문화' 시대, 어디까지 혼자 해봤니

그래서 요즘 우리의 아이들은 거의 다 혼자이다. 아예 '1인 문화'라는 말이 등장했을 정도이다. 게임 세대라서 그런가? '1인 문화'를 대하는 젊은이들 스스로가 혼밥, 혼술, 혼영화, 어디까지 혼자 해봤는지를 놓고 레벨 테스트를 한다. 혼자 밥을 먹는 것에도 '레벨'이 있단다. 편의점에서 컵라면이나 삼각 김밥을 먹는 것은 낮은 레벨이다. 식당에서 혼자 먹는 것이 더 높은 레벨이고, '만렙'(가장 높은 레벨)은 고깃집이란다. 혼자 가서 고기를 2인분이든, 3인분이든 먹는 게 왜 어려운 '레벨'일까? 이것이 왜 '만렙'임을 알려면 상황에 대한 전제를 파악해야 한다.

우리는 고깃집을 주로 언제 가는가? 고깃집은 단지 배고픔을 달래는 일차적 욕망 충족을 위한 장소가 아니다. 평소 주머니 사정이 넉넉지 않은 학생들이라고 해도 모처럼 선후배가 만나 즐거운 시간을 가질 때, 혹은 학과 행사 뒷풀이로, 또 가족의 특별한 기념일에 서로 하하호호 웃으며 주거니 받거니 먹는 공동체 식사의 대표적 장소가 고깃집인 것이다. 이렇게 문화적 기대가 가득 담긴 공간에 혼자 가서 꿋꿋하게 고기를 구워 먹는 것은 웬만한 용기와 정신력으로는 어림없다는 말이다. 그야말로 혼자 밥 먹기의 '끝판왕'이다. 세간에 회자되는 이런 이야기를 듣고 있자니, 요즘 젊은이들 말로 '웃프다.' 분명 들으면서 웃었는데, 마음은 한 군데가 찡하니 슬프다.

시절이 이러하다 보니 원인 분석에는 그다지 관심이 없고 그저 동향 분석만 하는 마케팅 쪽에서는 음식도 가구도 점점 '1인 소비자'를 겨냥하여 발빠르게 움직이고 있다. 예전에 두부 반 모를 팔던 마트가 얼마 전에 가보니 4분의 1모를 잘라서 담아놓았다. 어디 음식뿐이랴. 3-4인용 밥솥이 가장 작은 사이즈이던 시절은 갔다. 손잡이까지 달려서 밥이 되면 반찬통을 얹어 도시락처럼 들고 나가면 되는 1인용 밥솥이 불티나게 팔린다.

'1인 문화'는 잠시 지나갈 유행 같은 '현상'이 아니다. '근대'의 기획이 전혀 수정 없이 지금처럼 계속 진행해나간다면, 결국 대한민국에는 '각자도생'하는 사람들로 가득찰 것이다. 나는 이런 후기-근대적 인간을 '탈성적 전문가 개인'이라고 불러왔다. 구조조정과 고용유연성이라는 말이 생활언어가 되어버린 신자유주의적 세상에서, '탈성적 전문가 개인'은 매년 아니 매 분기마다 실시되는 업적 평가에서 살아남을 수 있는 경쟁력 있는 인간을 의미한다. 이 이념형의 인간은 '탈성적'이다. 자기 분야의 전문성을 인정받는 개인이라면 이제 성별은 크게 중요하지 않다. 그리고 나날이 속도와 정도를 더해가는 등급평가와 구조조정의 생애사 속에서 살아남으려면 '개인'이어야 유리하다. 누군가 돌볼 사람이 있다는 것, 그리고 나의 임금을 나누어 사용할 부양가족이 있다는 것은 '불리함'으로 작용한다. 결혼하지 않고 혼자 살고 있는 그리고 앞으로도 쭉 혼자 살겠다는 젊은이들을 보면서 기성세대는 이기적이거나 철이 없는 것으로 여기지만, 사실 이는 근대제도의 작동방식이 너무나 잘 진행된 결과 맞이하게 된 후기적 사회 현상일 뿐이다.

"아무리 잘나도 여자는 결혼을 해야 제대로 성공하는 거야." 이렇게 말씀하시는 어른들은 근현대제도의 전기와 중기에 '잠시' 있었던 핵가족 형태를 인류 보편의 공동체로 착각하셔서 그런 말씀을 하시는 것이다. 사회학적으로 말해서 '혈연 중심의 핵가족'은 전근대사회가 근대 사회로 이전해가는 과도기에 존재하던 임시적 공동체였다. 그렇다. 임시적이다. 공동체 단위로 평가받던 전근대사회에서는 '어느 가문' 출신이냐가 매우 중요했지만, 자유경쟁과 공정한 업적 평가로 운영되는 근현대사회의 작동 방식의 종착지는 결국 '전문가 개인들'의 집합체일 수밖에 없기 때문이다. 그 '과도기'에 아직 근현대 전문가로 훈련받을 기회가 적었고 가부장적 문화의 제약으로부터 자유롭지 못한 여성들이 가정 영역을 '전업'으로 선택하면서 잠시 존재하던 제도가 핵가족이다. "아니, 무슨 말씀을 하시는 건가요? 태초부터 하나님께서 남자와 여자를 짝으로 부르시고 생육하고 번성하라고 하셨는데, 그게 핵가족의 시초이자 하나님의 명령이지." 이렇게 반문하는 분도 있겠지만, 우리가 이렇게 믿게 된 데에는 계보가 있다.

작은 천국으로서의 가정, '그리스도와 교회'의 모델

이 지점이 경건한 신앙을 가진 기독 청년 여성들이 갈등하는 부분이다. 사실 그리스도인 여성의 소명을 '가정에 충실한 자'로 제한한 것은 종교개혁 이후의 일이었다. 이것은 '태초'의 질서가 아니었다. 물론 최초의 남자와 여자를 창조하신 하나님은 이렇게 명령하셨다.(고 기록되어 있다.) "이러므로 남자가 부모를 떠나 그의 아내와 합하여 둘이 한 몸을 이룰지로다."(창 2:24) 그야말로 근대 핵가족에 딱 들어맞는 구절이다. 이 말씀은 본가(本家)로부터 정신적으로나 경제적으로 독립하지 못한 남편을 비난하는 근거가 되기도 했다. 그럼 다른 해석이 가능한가? 이를 말하기 전에 왜, 어떤 방식으로 개신교 여성 이해와 가정 담론이 근대의 핵가족을 정당화하는 방식으로 전개되었는지부터 말해보겠다.

성경은 여자가 남편의 가산(家産)으로 여겨지던 전근대 시절을 배경으로 한다. 아브라함, 모세, 다윗 등 신앙적으로 모범이 되는 성경 인물들의 생애를 통해 우리가 알고 있듯이, 그들은 핵가족을 이룬 적도 없고 한 명의 아내와만 한 몸을 이루고 살지도 않았다. 그들의 가족생활을 태초의 질서나 오늘날의 윤리관으로 비난하려는 것이 아니다. 처첩을 거느린 대가족제도는 비단 유대사회만이 아니라 모든 전근대 가부장제도의 문화적 '당연'이었으니. 그러나 그 시절에도 예외적으로 독신의 삶을 살거나 대안가족과도 같은 공동체를 꾸려 살아간 예언자들이 있었는데, 하나님께서는 이들의 삶에 대해 결코 '창조 질서를 배반한 사람'으로 비난하신 적이 없다. 심지어 초대교회 이후 종교개혁 전까지 경건한 신자의 최상 모델은 독신이었다. '그리스도의 신부'로 사는 수도자적 생활 말이다.

그런데 중세 말기, 타락한 가톨릭의 제도에 저항하며 시작한 종교개혁운동은 성직자들의 독신 서약이 가져온 여러 가지 병폐를 해결하는 대안으로 성직자, 수도자, 수녀들의 결혼을 제안하기에 이른다. 루터를 위시해서 종교개혁자들이 창세기에 주목한 까닭이 여기에 있다. "봐라, 어디 하나님께서 결혼을 '차선'이나 '육적 욕망과 타협한 것'이라고 말씀하셨나? 오히려 결혼은 하나님의 선물이요 청지기적 사명이다." 이러한 주장은 마침 부상하던 부르주아 가정의 삶을 신앙적으로 설명해주는 성경적 근거가 되었다. 귀족이나 사제 가문처럼 신분이 제공한 부가 아니라, 자신의 근면 성실한 노동으로 자수성가하여 가족을 부양할 수 있는 제3의 남자들이 부르주아였다. 그리고 그들에게 걸맞은 짝은 제3의 여자들, 즉 사치한 귀부인도, 밭 매는 생산직 여성도 아닌 전업주부였다. 인류 역사상 자신만의 가정 영역을 온전히 떠맡아 가꾸는 직분을 갖게 된 여성들이 바로 근대 전업주부이다. 이들의 발생과 전개 과정을 함께한 것이 개신교였다. 이들이 꾸려가는 삶에 성경적 설명을 제공하는 것은 당연히 교회의 몫이었다.[1]

가장 많이 인용된 제안은 사도 바울의 것이었다. "아내들이여 자기 남편에게 복종하기를 주께 하듯 하라 이는 남편이 아내의 머리 됨이 그리스도께서 교회의 머리 됨과 같음이니 그가 바로 몸의 구주시니라 그러므

---

1 근현대 도시사회의 핵가족제도와 개신교의 가정 담론이 긴밀하게 얽혀 있는 '선택적 친화성'(elective affinity)의 계보학은 졸저, 『엄마되기, 아프거나 미치거나: 21세기 한국 개신교 기혼여성의 모성 경험』(서울: 대한기독교서회, 2009)에서 다루었다.

로 교회가 그리스도에게 하듯 아내들도 범사에 자기 남편에게 복종할지니라."(엡 5:22-24) 그 유명한 '그리스도와 교회' 모델이다. 오늘날 대부분 '탈성적 전문가 개인'으로 훈련받은 교회 자매들로서는 듣자마자 발끈하는 본문이지만, 화를 가라앉히고 두 가지를 기억해달라고 부탁하고 싶다.

첫째, 이어지는 본문에 대한 묵상이다. "남편들아, 아내 사랑하기를 그리스도께서 교회를 사랑하시고 그 교회를 위하여 자신을 주심 같이 하라."(25절) 바울이 살아가던 당시의 전근대 가부장제적 문화를 염두에 두고 이 구절을 읽는다면 매우 혁명적인 권고이다. '강한 가부장제'라고 불리는 전근대 가부장제는 아내를 향하여 생사여탈권까지 행사할 수 있는 권력이 가장에게 부여되어 있었다. 아내를 '가산'이요 '종'으로 응시하던 시절이다. 그러한 때에 마치 그리스도께서 교회를 위해 죽기까지 하신 헌신적 사랑으로 아내를 사랑하라는 말은 그야말로 파격적이다. 이 본문이 혁명적으로 바꿀 사람은 늘 복종하는 아내보다는 아내를 강압적으로 다루어온 가부장적 남편이라는 말이다. 두 번째로 기억할 것은, 당시의 여성들이 과연 태초부터 하나님께서 명하셨다는 '동등한 파트너'로서의 능력, 즉 평등한 주체로 훈련받은 상황이었는가에 대한 질문이다. 그것이 타당했다는 것이 아니라 실제 정황상 그들은 주체가 아니었다는 말이다. 에베소서 본문 자체가 누가 주체인지를 밝히 드러낸다. "너희도 각각 자기의 아내 사랑하기를 자신 같이 하고."(33절) 여기서 '너희'는 남성이다. 'Man'을 '인간'과 동격으로 여겨온 상황에서 발화한 본문이다. 따라서 굳이 이 본문을 변호한다면, 바울이 '탈성적 전문가 개인'으로 훈련받은 그리스도인 자매들을 향하여 권고하는 말이 아니었다는 것이다.

사도 바울의 '그리스도와 교회' 모델은 그의 시절보다 오히려 근현대 교회 안에서 더욱 적합한 청중을 확보할 수 있었다. 가부장제가 여전히 작동하지만, 가산제나 신분제가 끝난 새로운 사회가 전개되고 있는 마당에 여성을 '종'으로 응시하거나 혐오의 대상으로 여기던 이전의 교회 전통을 답습하기는 어려웠기 때문이다. 아내는 여전히 남편의 부양가족 안에 있으나, 남편이 돈을 벌기 위해 집을 비운 사이 책임과 소명감으로 집안을 잘 돌보려면 평등한 존재로 응시되어야 했다. 더구나 천부인권을 천명하는 시민사회가 아닌가! 상황이 이러하다 보니 이중의 과제가 주어진 셈이다. 남편과 아내를 '평등한 인격체'로 인정하나 가족 공동체 안에서의 위계는 확보해야 했다. 하여 좋은 남편이란 "아내가 남편의 지도를 즐겁게 따르고, 그것을 노예가 된 기분이 아니라 자유와 특권으로 느끼도록 이끄는 사람"이었다.[2] 오늘날의 그리스도인들이 물려받은 가정 담론, 여성 응시가 딱 여기까지이다.

그러나 사도 바울의 '그리스도와 교회' 모델은 남편과 아내를 설명하는 영구적 메타포가 아니다. 성경을 '경줄'과 '위줄'로 구별해서 읽어내야 한다는 말을 반복해왔거니와, 남편과 아내를 향한 사도 바울의 이 권고는 분명 전근대 가부장제를 넘어서는 시선이요 제안이되, 만고불변의 진리인 경줄은 아니다. 경줄이 되는 계시의 원칙으로서 초월성과 보편성에 비추어볼 때 이는 전근대 가부장제는 초월했으나 가부장제도 자체를 초월하지는 못했기 때문이다. 또한 이는 21세기를 살아가는 여성에게 보편적으로 자유와 해방을 주는 복음이 아니기 때문이다.

---

2 청교도 사무엘 윌라드의 말이다. 리랜드 라이큰, 김성웅 옮김, 『청교도-이 세상의 성자들』(서울: 생명의말씀사, 2003), 168.

태초에 '사이'가 있었다,
나와 너의 마주봄

그럼 어떤 인간관계가 '경줄'이란 말인가? 혼자 사는 것이 유리한 21세기라더니, 그럼 창세기 본문은 모두 위줄로 폐기하고, 광야의 외치는 소리로 살던 예언자들을 새로운 그리스도인의 이상으로 천명하자는 말인가? 이런 궁금증이 생길 법하다. 그러나 나는 오늘날 각자도생하느라 바쁜 '탈성적 전문가 개인'이나 '1인 문화'가 하나님이 인간에게 명하신 본래적 모습이라고는 생각하지 않는다. 이는 그저 근현대적 기획의 후기 상태가 빚어낸 제도적 결과일 뿐이다. 이 역시 일시적이고 임시적인 문화이다.

성경은 분명히 인간이 처음부터 '공동체적'이었다고 증언한다. 그것은 명백한 경줄이다. 성경을 꽤 열심히 읽는 신앙인들조차 하나님께서 남자를 먼저 창조하시고, 그 다음에 여자를 창조하셨다고 생각한다. 그러나 창세기 1장과 2장 본문을 꼼꼼히 살펴보라. 하나님께서는 아담, 즉 사람을 먼저 창조하셨다. '아담'(사람)은 남자'만'을 의미하지 않는다. 아담이 남자라고 즉각적으로 해석한 것은 남자들의 성급한 독해였을 뿐이다. 사람이 독처하는 것이 좋지 못하다고 생각하신 하나님께서는 사람을 잠재우시고, 그의 옆구리에서 꺼낸 속성으로 여자를 지으신다. 여자를 꺼내고 사람 안에 남은 '나머지'가 남자이다. '나머지'라고 해서 열등하다는 말도 아니요, 찌꺼기라는 말은 더더욱 아니다. 그저 매우 다른 속성의 두 존재로 나누어놓으신 하나님의 창조 질서를 언급함이다.

"돕는 배필"로 번역된 히브리 원어는 '에제르 케네그도'(ezer kenegdo)이다. 여호와 하나님께서는 남편과 아내, 보다 정확하게는 남자와 여자를 주종관계가 아니라 옆에서 동등하게 마주보고서 서로를 돕는 파트너로 지으셨다. 이것이야말로 계시이다. 남자와 여자를 위아래의 주종관계로 응시하던 전근대 시절에, 하나님으로부터 받은 계시가 아니라면 이렇게 평등한 마주봄을 말할 수 없었을 테니. 다만 남자와 여자가 남편과 아내가 되어야 한다는, 즉 결혼이라는 제도로만 마주보아야 한다는 것은, 결혼제도가 사회의 핵심적 기초 제도였던 가부장제 안에서의 위줄적 성경 읽기라고 생각한다. 남자와 여자의 마주봄이 반드시 결혼관계 안에서만 진행되어야 한다면, 예수님도 바울도 하나님의 창조 명령을 수행하는 데 실패하신 셈이다.

그럼 꼭 결혼의 의미가 아니었다면, 하나님께서는 사람이 독처하는 것을 왜 '좋지 못하다.'고 하셨을까? 나는 창세기 1장 27절의 본문, "하나님이 자기 형상 곧 하나님의 형상대로 사람을 창조하시되 남자와 여자를 창조하시고"라는 본문을 '사이-공동체'의 창조 사건으로 읽는다. 피조물 가운데 유일하게 '다스림'의 능력을 가진 존재, 그리고 그 다스림의 행위를 통해 하나님의 형상을 드러낼 위대하면서도 위험한 존재, 그 사람은 결코 '단독자'로 우뚝 서는 것이 좋지 못하다. 자기만의 답을 고집할 때, 하나님이 만들어놓으신 아름다운 창조 질서를 교란하고 세상을 독점하려 들 테니 말이다. 따라서 사람은 단독자로서는 하나님을 온전히 드러내지 못한다. 서로 안에 거하시는 하나님을 발견하고, 서로의 다름으로 서로를 건설해나갈 때, 그 협력의 선한 힘이 비로소 하나님의 형상을 드러낸다.

결국 하나님께서 사람을 관계적 존재로 지으신 것은 '경줄'의 메시지이다. 그러나 그것이 반드시 결혼이라는 해석은 '위줄'이다. 성경에 그렇게 살지 않은 사람들도 많거니와, 결혼과 가족제도에 대해 전면적인 재조정을 요청하는 오늘날에는 더더욱 그러하다. 그럼에도 성경은 분명히 말한다. 독처하는 것이 좋지 못하다. 이는 "원룸에서 혼자 살지 마라."거나 "독신은 안 된다."라는 말이 아니다. 어떤 방식으로든 사람은 사람(나아가 모든 생명)과 관계하고 살아야 하는 사이-존재라는 뜻이다. 나 혼자만의 생존을 삶의 목표로 삼지 말라는 뜻이다. 공동체로 살아내라는 명령이다.

16

SNS 시대, 교회가 건설해야 하는 성경적 친교는?

인류 문명사를 둘로 나누는 기점은 사람마다 다를 수 있다. 주류 구성원이 기독교도였던 서양 문명권은 역사를 주님의 탄생 이전과 이후로 나눈다. 우리가 '기원후'(AD)라고 표기하는 문자는 '주님의 해'(anno domini)라는 라틴어의 약자이다. 이를 기준으로 이전 역사를 '기원전'(BC), 즉 '그리스도 이전'(Before Christ)이라고 불렀다. "여자도 사람"이라는 주장과 함께 그동안의 가부장적 역사와 전통으로부터 단절을 선언한 페미니스트 메리 댈리(Mary Daly)는 1975년을 'AF'(anno feminarum), 즉 '여성들의 해'로 선포했다. 1975년 이후로부터 여자는 더 이상 종속자나 '제2의 성'이 아니라 주체로서 신(神) 체험과 인격적 삶을 만들어가겠다는 각오를 담은 것이다. 이러한 분기점은 그 전과 후의 삶을 대하는 자세나 사회적 작동 방식이 크게 달라졌음을 의미한다.

그럼 "소셜 네트워크 서비스(SNS)가 없으면 차라리 죽음을 달라."라고 외칠 만큼 인터넷을 기반한 사회관계망에 과잉 접속되어 있는 오늘의 청(소)년들이 인류 문명사를 둘로 나눈다면 어느 해가 기점이 될까? 의심의 여지 없이 2007년이리라. 그 이전에도 이동하면서 사용할 수 있는 휴대전화는 계속 기술적 발전을 거듭했지만, 애플사의 '아이폰'이 나오면서부터 휴대폰 하나로 할 수 있는 SNS의 기능이 도약적 발전을 하게 되었으니까. 그렇다면 우리는 '아노 아이폰', 즉 '아이폰의 해 이후'를 산다고 해야 할까? 인터넷 통신이나 정보검색은 물론 사용자가 원하는 '앱'을 다운받아서 설치하면 무한한 활용도가 펼쳐지는 손바닥만 한 세상이 온전히 나의 손안에 쥐어졌다. 그럼 '아이폰의 해' 이전과 이후의 세상은 어떻게 달라졌을까?

고개 숙인 사람들,
인터넷 세상으로 빠져들다

스마트폰이 우리나라 시장을 빠르게 사로잡기 시작한 이후로 5년여 동안 나는 겨우 전화 통화와 메시지 전송만 가능한 2G폰을 고수했다. 특별한 소신이 있던 것도, 옛것에 대한 향수 때문도 아니었다. 그저 기계를 다루는 것이 서툴렀고, 휴대전화는 이동 과정 중에 급한 연락을 주고받는 기능만으로 충분하다고 생각했기 때문이다. 카카오톡의 단톡방이나 카카오스토리, 페이스북 등을 통해 온라인 회의를 진행하는 일이 빈번해지자 어쩔 수 없이 4G폰을 구입하게 되었지만, 그전까지는 전혀 불편함을 느끼지 못했다.

그래서였을 것이다. 대중교통으로 출퇴근을 하는 까닭에 비교적 손과 눈이 자유로운 나는 늘 바깥 풍경이나 버스, 지하철 안을 쳐다볼 기회가 많았다. 게다가 기독교 사회윤리학이라는 간(間)학문 전공자로서 사회학적 관찰을 하는 버릇도 작동하여 일상적인 상호작용을 유심히 살필 때가 많았다. 그런 나에게 스마트폰이 대중에게 보급되기 시작한 2007년 이후 가장 먼저 눈에 들어온 현상은, 행인이나 승객 모두 '사람을 보는 경우가 매우 드물어졌다.'는 것이다. 대중교통을 타고 있는 동안은 물론이고 길을 걸으면서도, 심지어는 건널목을 건너는 위험천만한 상황에서도 대부분 스마트폰을 통해 전송되는 콘텐츠에 빠져들어 있었다. 한동안은 청(소)년들에게 주로 보이는 현상이었는데, 점점 연령과 성별을 불문하고 하나의 '문화'로 확산되어 갔다. 2010년을 전후한 무렵엔 스마트폰을 보면서 걷다가 맨홀에 빠진 사람, 교통사고를 당한 사람, 서로 부딪혀서 얼굴을 붉히다가 싸움이 난 사례 등이 종종 기사화되었고, 내가 가르치던 학교에서도 두어 차례의 사고가 있었다. 스마트폰 게임 기능에 증강현실까지 입힌 '포켓몬 고'라는 게임이 출시되고 강릉 지역에서 시험 게임이 가능하던 시절에는 강릉행 이동인구가 급증했고, 역시 우려하던 안전사고가 발생했다.

이런 현상을 지켜보면서 나는 2014년 한 글에서 SNS에 과잉 접속된 사람들의 문제점으로 '관계의 추상성'과 '반응의 즉각성'을 지적한 바 있다.[3] 물론 스마트폰을 오래 보면 시력이 저하된다든가, 안전사고가 우려된다든가 하는 개인 건강상의 문제도 가벼운 사안은 아닐 것이다. 하지만 사회학자요 공동체 윤리를 지향하는 신학자로서 스마트폰이라는 신종 기기와 이를 극대화하여 활용하는 SNS의 도래를 보면서 가장 걱정이 된 부분은 '아무도 내 앞에 있는 구체적이고 현실적인 사람을 응시하지

---

3 백소영, 『교회를 교회되게』(서울: KMC, 2014), 116-17을 참조하라.

않는다는 것'이었다.

물론 스마트폰의 동영상 촬영기능을 악용하여 지나가는 젊은 여자들을 불법 촬영한 범죄자들은 '사람'을 보았을 수 있다. 눈앞에서 벌어지는 사건·사고를 자신의 SNS 계정에 올리기 위해 열심히 '사람'을 찍는 경우도 있다. 그러나 이 두 가지 경우 모두 적법성의 문제를 떠나 사회적으로 우려되는 공통적인 지점은, 눈앞의 사람들을 대할 때 나와 인간적인 상호작용을 하는 전인격적 존재가 아니라 내 스마트폰에 담길 '콘텐츠'로 응시한다는 것이다. "대박, 지금 이거 실시간이에요!" 이런 코멘트와 함께 안타까운 재난과 사고 모습이 올라온 사진들을 보면, 주변에 모두 스마트폰을 들이대고 있는 모습이 담겨 아연실색할 경우가 있다.

미국의 문예평론가이며 『타인의 고통』 저자인 수전 손택(Susan Sontag)이 지적한 것처럼, 영상매체의 등장은 먼 거리의 사건·사고를 내 눈으로 보듯 생생하게 전달해주는 '덕분'에 우리를 그저 '안전한 관람자'로 배치하는 결과를 초래하기도 한다. 그런데 그가 맞이하지 못한(손택은 2004년에 죽었다.) 스마트폰의 세상은 바로 내 눈앞에서 벌어지는 일조차 액정화면 안에 가두어버린다. '관계의 추상성'이란 바로 이러한 현상을 말하는 것이다.

또 다른 측면에서 발생하는 관계의 추상성은 인터넷 '접속 상태'를 관계로 착각하는 경우이다. 특정 주제나 관심을 중심으로 형성된 온라인 커뮤니티의 멤버이고 서로의 아이디를 알고 있다는 것, 사이버 공간 안에서 실시간 대화를 나누며 소통했다는 것으로 우리는 마치 그 사람과 긴밀하게 연결된 듯 착각한다. 하지만 눈과 눈을 맞추고 그를 전인격적으로 대면하지 않는 관계는 한쪽이 '탈퇴'나 '로그아웃'을 함으로써 금세 끝나버릴 수 있다. 물론 오프라인 관계에서도 만남과 헤어짐은 인간의 보편사이다. 하지만 흔히 아날로그 사진과 디지털 이미지의 차이로 비교되듯이, 관계를 끝내고 흔적을 지우는 과정은 사뭇 다르다. 온라인의 경우 삭제 버튼 하나로 연결은 끊기고 축적된 이야기나 이미지는 복구 불가능하게 지워져버린다.

이는 '반응의 즉각성'과도 연결된 문제이다. 빛처럼 빠른 스마트폰 조작기술과 순발력 있는 반응이 문제라는 것은 아니다. 디지털 세대의 진화한 능력을 뭐라 할 생각은 없다. 그러나 그야말로 빛의 속도로 확산이 가능한 매체 환경이 '사람과 사건을 콘텐츠로 응시하는 시선'과 만나면 문제가 된다. 개인의 시선이나 주관적 의견이 SNS를 타고 확산되면서 순식간에 한 사람을 매장하거나 생업을 접게 만드는 일을 종종 보지 않나. 최근 사회문제로 크게 대두된 불법 동영상 문제도 그중 하나이다. 성적 자기 결정권이 보장되지 않은 그리고 몰래 찍힌 수치스러운 동영상의 유포가 이전의 성범죄와 다른 지점이 있다면, 그것은 불특정 다수에게 너무나 빠른 속도로 유포된다는 것이다. 피해자가 가해자에게 가지는 분노나 당혹감이 시대나 매체 변화에 따라 달라지는 것은 아니지만, 오프라인과 달리 온라인은 가해자의 수를 무한 증가시키고 피해 상황을 영구 저장하게 한다.

물론 SNS의 도래가 부정적인 면만 있는 것은 아니다. 시간과 공간의 제약을 뛰어넘어 서로를 연결해주고 실시간으로 공유할 수 있는 사회적 기능 때문에 사람을 살리고 사건을 해결하는 데 도움을 주기도 한다. 갑작스러운 교통체증은 물론이고, 도움이 필요한 사고가 SNS를 통해 빠르게 전달되고 적절한 도움을 신속히 받게 되는 경우가 많다. 언젠가 폭우로 불어난 물살에 떠내려가던 한 운전자는 차 뒷좌석 가방 안에 있던 휴대폰에서 블루투스로 연결된 인공지능 앱을 통해 응급구조대에 신고를 했고, 덕분에 목숨을 건질 수 있었다. 더구나 코로나19 바이러스로 두 해 가까이 온 세계가 팬데믹 상황인 현재로서는 SNS가 가진 시공의 초월성이 가져오는 유익이 크다. 대학의 경우, 지난해부터 비대면 강의로 수업이 진행되고 있는데, SNS 덕분에 본가가 지방에 있는 학생들은 물론이고, 방학 때 집에 간 외국 학생들까지 먼 곳에 머물면서도 아무런 제약 없이 실시간 화상수업에 참여할 수 있다. 이도 인터넷 기반 기기 덕분이다. 그러니 이것은 새로운 문화적 발명품을 바르게 사용하는 문제로 접근해야지, 스마트폰을 들고 다니는 모든 사람을 싸잡아 비난할 문제는 아닐 것이다.

하지만 과도한 접속 상태에 있는 우리의 일상이 어떤 습관을 생성하고 위험을 초래할지에 대해서는 별도로 성찰해보아야 할 문제이다. 상대방의 안색을 살피는 눈, 그의 곤란함에 반응하는 손과 발, 이것이 부재한 상황이 일상이 될 때 우리가 놓치는 것은 비단 '막을 수 있었던 지금 내 눈앞의 사건·사고'만이 아니기 때문이다. 화면 안으로, 또 더 안으로 들어가면서 견고히 구축되는 '나의 세계' 안에는 결국 '네'가 없다. 결국은 나의 왕국이요, '너의 부재'이다. 이는 발화자만의 문제가 아니다. 분명히 접속되어 있고 아이디가 보여도 음소거와 비디오 정지를 눌러놓은 저쪽 상대방이 지금 무슨 생각을 하는지, 무슨 행동을 하는지 알 길이 없다. 그리고 이런 일상이 매일 반복된다면, 우리가 '습'(習)하게 될 새로운 인성은 어떤 모습일지 두려워진다.

성경적
코이노니아란

이러한 매체 환경은 그리스도인으로 하여금 무엇이 사회 안에서 살아가는 신앙인의 바른 상호작용인지를 묻게 한다. 자칫 성찰 없이 문화적 변화를 따라가다 보면 스마트 기기 동영상으로 목사님의 설교를 생생하게 들으며 은혜를 받으면서도, 정작 내 도움이 너무나 절실한 눈앞의 이웃을 스쳐 지나갈 수 있기 때문이다. 그리스도를 주로 고백하며 교회 공동체로 부름받은 신앙인들에게 꼭 필요한 덕목이요 가치로 강조되는 것 가운데 '코이노니아'(koinonia)가 있다. 이는 헬라어로 친교, 사귐, 관계 등의 의미를 담고 있으며, 때론 '사회'(society)로도 번역된다. 우리가 늘 공동으로 고백하는 사도신경에 보면 "성도가 서로 교통하는 것을 믿습니다."라는 부분이 있는데, 이것이 바로 코이노니아이다. 여기서 '성도의 교통'이란 단순히 인간적 교통만을 의미하지 않는다.

나는 '존재의 기공성'(The Porosity of Being)이라는 개념을 신학적으로 구성 중이라고 앞서 언급했거니와, '성도의 교통'은 이 개념으로도 설명 가능하다. 일반적인 소통과 성도의 교통에 차이가 있다면, 개별자의 기원이요 존재의 바탕이신 하나님을 인정하고, 그분의 영을 자신의 존재 안에 받아들이고 있는지 아닌지에 있다고 본다. 우리는 늘 하나님이 '무소부재하시는 분'이라고 고백하면서도 하나님을 어딘가 특별한 곳(건물로서의 교회나 성소)에 가야만 만난다고 여길 때가 많다. 마치 유대인들이 예루살렘 성소에 가야만 여호와 하나님께 제사를 드릴 수 있다고 믿었던 것처럼 말이다. 그러다 보니 특히나 강화된 방역 상황에서 대부분의 교회가 비대면 예배로 전환하면서 교회는 존재 자체에 위기를 맞게 되었다. 하지만 말 그대로 하나님은 어디든 계시지 않은가! 그렇게 실재하셔서 우리 존재를 온통 감싸고 지탱하고 계시는 분이 생명의 영이신 여호와이시다.

그러므로 자신의 존재를 하나님과 이웃에게 연 성도는 어디서든 예배할 수 있다. 단독자로서 하나님 앞에서 자신으로 서 있을 수 있을 정도의 주체 인식과 존재의 힘을 가지고 있되, 자기만의 답이 아닌 상대방의 답이 내 존재 안으로 흘러들어올 수 있도록 마음 문을 여는 사람이 바로 '존재의 숨구멍'을 잘 관리하는 '영성 깊은 성도'이다.[4] 따라서 이런 성도들 간에 나누는 '교통'은 인간들의 이기적 소통이 아니다. 각자가 존재 안에서 성령님과 동행하면서 갖는 답을 서로와 상호 소통하는 것이기 때문이다. 하여 성령 안에서 진정으로 교통하는 성도들 사이에는 굳이 '리바이어던'과 같이 거대한 통제 정치체가 없어도 홉스가 걱정한 '만인의 만인에 대한 전쟁 상태'는 존재하지 않는다. 내 존재의 숨구멍을 통해 성령님을 받아들이고 성령님과의 맞대면 속에서 답을 만들어간 성도들은 개별 자아의 이기심을 넘어선 교통이 가능한 까닭이다. 사도 바울은 상호 교통 속에 지어져가는 성도들의 공동체적 신비를 이렇게 말했다. "너희는 사도들과 선지자들의 터 위에 세우심을 입은 자라 그리스

---

4 그러나 없는 곳이 없으셔서 그분을 만나지 못하거나 느끼지 못하는 것이 더 어려움에도 불구하고 다수의 사람들은 하나님의 실재를 놓치는 경우가 많다. '존재의 숨구멍'이 견고하게 닫혀 있거나 혹은 반대로 항상 열려서 경계가 없기 때문이다. 닫혀 있는 경우는 보통 자기 답이 너무나 확고한, 성경적으로 말한다면 '마음이 교만하고 완악한 사람들'이다. 너무 열려서 경계가 없는 경우는 마음이 너무 상하고 주체적 삶을 포기하는 바람에 타자의 의미 안에 완전히 포섭당한 사람들을 의미한다. 마치 바로 앞의 이스라엘 백성처럼 말이다.

도 예수께서 친히 모퉁잇돌이 되셨느니라 그의 안에서 건물마다 서로 연결하여 주 안에서 성전이 되어 가고 너희도 성령 안에서 하나님이 거하실 처소가 되기 위하여 그리스도 예수 안에서 함께 지어져 가느니라."(엡 2:20-22)

하지만 한편으로 '코이노니아'는 성도들만 모여서 예배를 드리는 배타적 공동체로 제한된 개념은 아니다. 교회의 특성에는 모이는 교회와 더불어 '흩어지는 교회'의 특성도 있는 바, 그리스도의 사귐 안에서 성도들의 공동생활 가운데 은혜를 체험한 신자 개개인은 자신이 속한 사회 안에서도 코이노니아를 실천하는 삶을 살아야 한다. 교회를 의미하는 헬라어 '에클레시아'(ekklesia)의 언어적 의미가 그러하다. '밖으로 불리어져 나온 사람들', 즉 성도들은 시민사회에서 거룩한 삶을 살아내는 사람들을 의미하기도 한다. 세상에서 거룩한 숨을 쉬며 하나님과 교통하는 삶을 사건으로 살아내고 증거하는 임무가 성도들에게 주어졌다는 말이다. 그런데 사람을 보아야 그와 눈을 맞추고, 귀를 기울여야 교통이라는 것을 할 수 있지 않겠는가.

"때가 악하다."라는 1세기 사도들의 경고는 21세기 SNS 세상에서 어떻게 해석될 수 있을까? 시간도 하나님께서 창조하신 것인데, 그 자체로 악할 리는 없다. 만약 때가 악하다면 그것은 운명론적으로 악한 시간이 도래했다기보다는, 여호와를 아는 지식이 없는 사람들이 가득한 시절임을 경고하는 것으로 읽어야 한다. 거짓말, 도둑질, 탐심, 간음, 폭행, 살인 등 적극적인 범죄를 행하는 자들은 물론 악하다. 그러나 내 손안에서 내 선택과 조종에 의해 펼쳐지는 '스마트한' 세상에 몰입하느라 당장 내 옆에서 숨결을 가진 생명으로서 존재의 교통을 원하는 이웃을 스쳐 지나친다면, 그리고 그것이 습관이 되고 하나의 문화 현상이 된 세상이라면, 그래서 성도들조차 이를 '당연시'한다면 이 역시 '시절의 악함'이 아닐는지. 주변의 잡음까지 다 제거해준다는 성능 좋은 블루투스 이어폰을 끼고 내가 온전히 소유한 화면 속으로 몰입해서 살아가는 오늘날의 '디지털 시민들'은 존재론적 소통의 가능성 자체가 차단된 느낌이다.

생명의 영이 강물같이 흐르게 하라

물론 아직까지는 그저 스쳐 지나가는 사이임에도 상대방을 살피고 그의 존재의 소리를 내게로 흘러들어오게 하여 그의 고통과 필요에 민감하고 용감하게 반응하는 사람들이 있다. 언젠가 창원의 한 버스기사가 기지를 발휘하여 급작스레 쓰러진 한 학생의 생명을 구했다는 기사를 접했다. 그 운전기사는 119를 부르려다 불과 3분 거리에 종합병원 응급실이 있다는 사실을 깨닫고 버스에 동승한 시민들에게 양해를 구한 뒤 곧바로 병원으로 내달렸다. 노선을 이탈하여 병원으로 내달리는 버스라니! 이를 반대한 탑승객은 한 사람도 없었으며, 모두가 한마음이 되어 쓰러진 학생을 꼭 붙잡고 마음을 모았다고 한다. 그 3분 동안 버스 안에서 '교통'한 것은 생명의 영이 아니고 무엇이랴!

요엘 선지자가 받은 계시의 말씀처럼(욜 2:28 참조) 만인에게 부어지는 생명의 영을 '이미' 받았는데, 그것이 온라인 커뮤니티이든 게임 동맹자이든, 아니 행여 청년부 단톡방이라고 할지라도 우리의 눈과 손과 발이 온통 '내가 구축한 인터넷 세상'에만 몰두하느라 바쁘다면, 우리는 어쩌면 강도 만난 이웃을 보고도 그냥 지나친 제사장이나 레위인과 비교하여 별반 다를 바가 없을지도 모른다. "그건 너무 하잖아요? 그들은 뻔히 보고도 이웃의 필요를 외면한 것인데….” 그러게 말이다. 뻔히 보고도 외면한 것과 나의 세상에 몰입하느라 볼 사이도 없이 지나치는 것 사이에 우리는 무엇을 더 심각하다고 걱정해야 하는 것일까?

가지고 있는 스마트 기기들을 폐기하자는 주장도 아니요, 와이파이도 터지지 않는 산골로 들어가 사는 소종파운동을 전개하자는 것도 아니다. 다만 일종의 '원칙'을 세웠으면 한다. 통제하고 관리하고 위반하면 벌칙을 주는 그런 징벌적 원칙을 말함이 아니다. 걸을 때, 차를 탈 때, 또한 이웃과 상호작용하는 공간 안에 있을 때는 가능한 한 내 옆에서 존재의 호흡을 하며 의미와 필요를 몸짓으로 전달하고 있는 생명을 바라볼 눈과 도울 손과 발을 자유롭게 하자는 것이다. '성도의 교통하는 것'을 호흡처럼, 숨처럼 일상에서 실천하자는 것이다. 그것이 우리가 교회로 부름받은 거룩한 공동체로서 이 땅에서 진정한 '코이노니아'를 이루며 살아가는 삶의 방식이라고 믿는다. 죽음과 죽임이 우리의 일상을 채우는 세상 한복판에서 구조악을 제거할 권력도, 세상 모든 가난한 이들을 구제할 부(副)도 없는 작은 자이지만, 적어도 우리는 바로 내 눈앞에 있는 이웃의 의미를 읽고 필요에 응답할 만큼의 '존재의 힘'은 가지고 있으니까 말이다. 생명의 영이 강물같이 흐르는 하나님의 역사에 우리의 존재가 '통로'가 되기를 소망한다. 그렇게 진짜 세상을 살아내며 서로가 지어져가는 '교회'가 되기를 기도하며 기대한다.

17

21세기 육체문화 한가운데서 성찰하는 성경적 성 윤리

2019년 4월 11일 대한민국 헌법재판소는 '낙태죄'를 헌법의 개인 인권을 침해하는 조항으로 규정하고 '헌법불합치' 판결을 내렸다. 이를 '잘못' 해석한 많은 사람이 앞으로 자유롭게 낙태를 해도 된다는 뜻으로 받아들였고, 이에 생명 존중 사상을 핵심적 가치로 고백하는 그리스도인들 사이에서 큰 우려의 목소리가 일었다. 전공이 기독교 사회윤리학이다 보니 이후 말과 글로 입장을 밝히라는 요청이 많았다. 그런데 근현대 역사에서 매우 오래된 이 '윤리적 딜레마'를 논하면서 내가 가장 안타까웠던 것은 신자들조차 더 근본적인 질문을 하지 않는다는 사실이었다. '성경적' 성성(sexuality)에 대한 질문 말이다. 우리에게 주어진 성적 능력을 어떤 방식으로 발현하고 수행해야 '성경적'인 것일까? 그것을 먼저 묻고 답을 구해야 하지 않을까? '성경적' 원칙에 따라 살아가려고 노력하는 그리스도인이어야 '생명 대 생명'의 갈등 상황에서 신앙인의 답을 찾아낼 수 있을 것이기 때문이다.

'몸의 도덕'은
사회제도적으로 구성된다

우리가 신앙 선배로서 늘 그의 글을 묵상하고 존경해 마지않는 성 아우구스티누스는 '재생산'(procreation)을 배제한 모든 성행위는 남편과 아내를 서로 창부, 창녀로 대하는 것과 같다고 단언했다. 성례전을 거친 합법적 부부관계라고 해도 재생산을 위한 성행위가 아니라면 그것은 음욕이며, 만약 원치 않는 임신이었다고 해서 태중의 아이를 낙태한다면 그 부부는 결코 결혼관계에 있지 않다는 해석이다. 상당히 극단적인 어조로 주장되었지만, 사실 그의 입장은 자연법 사상에 입각한 가톨릭 도덕법의 핵심 주장이다. 즉 아우구스티누스를 비롯하여 전통적인 가톨릭 신학자들의 입장에서 성행위는 오직 적법한 후손을 낳는 '재생산'을 위한 것이어야 했다.

이렇게 정의할 때 '순결한 몸', '칭찬받아 마땅한 몸'의 기준은 당연히 결혼이라는 성례전과 출산이라는 궁극적 목표를 기준으로 평가된다. 아직 결혼하지 않았는데 성행위를 한 몸은 '적법하지 않은' 생명을 임신할 가능성이 있는 행동을 한 것이기에 더럽고 추하고 사악하며 죄 된 몸이다. 얼른 죗값을 치르고(대부분은 금전적으로) 결혼 상태로 진입하는 것만이 '몸의 구원'이었다.(출 22:16-17 참조) 만약 이미 결혼한 몸임에도 혼외관계에서 성행위를 했다면 이는 돌에 맞아 죽어도 마땅했다.

물론 이것은 성경, 특히나 구약에 분명히 명시된 몸의 윤리이다. 하지만 이런 윤리관이 '성경적'인가를 묻는다면, 사회학을 배운 나로서는 '전근대적'이라는 답을 할 수밖에 없다. 구약 전통만이 아니라 전 세계 모든 전근대 가부장제는 여성의 몸에 대해 같은 답을 내리고 있고, 이를 '윤리'요, 심지어 '신적 명령'이라고 명시했기 때문이다. 그러나 계시의 내용은 '초월성'과 '보편성'을 지닌다. 하나님으로부터 온 생각이라면 그것은 시대와 문화의 제약을 초월해야 맞다. 누구의 의미도 배제하지 않고 모두에게 구원이어야 한다. 그런데 전근대적 성 윤리는 남자들에게'만' 유리하다. 전근대 가부장제 안에서 남성이 함부로 해선 안 되는 여성은 '남의 아내' 혹은 '남의 아내가 될 가능성이 있는 여성'뿐이다. 남자는 결혼한 사람이어도 남의 아내만 아니라면 돈을 내고 기생과 '놀아나도' 되는 사회였다. 우리나라 유교 가부장제는 이를 '풍류'라고까지 치켜세웠다. 여성의 몸이 '소유'에 해당하던 전근대사회에서는 심지어 남편이 죽으면 아내를 함께 묻는 순장도 가능했고, 대놓고 강요할 수는 없어도 남편을 따라 죽은 아내를 칭송하는 문화도 있었다. 우리나라의 '열녀' 이데올로기도 그중 하나이다.

"하지만 개신교의 성 윤리는 다르지 않나요? 결혼의 목적이 재생산 하나에만 있지 않다고 가르치잖아요?" 이리 반문하는 독자도 있으리라. 맞다. '오직 성경으로'를 외친 개신교의 개혁 신앙인들은 성경을 처음부터 다시 읽으며 전근대 가부장제 한가운데를 살아가느라 교회가 놓친 성의 아름다움을 찾아냈다. 하나님이 주신 능력으로서 성이 어찌 '죄 된 감각'이랴. 이는 몸을 창조하신 하나님에 대한 모독이다. 설교 강단에서 개혁 신앙가들은 성애(性愛)를 찬양한 적절한 본문을 찾아내며 부부간 연합의 신비와 즐거움을 찬양했다.

> 사랑하는 여인을 흠모하는 남자의 마음은 밤에는 그녀를 꿈꾸고, 깨어 있을 때에는 그녀의 모습이 눈과 뇌리에서 떠나지 않으며, 밥을 먹을 때에도 곰곰이 생각하며, 함께 여행한다. …그녀가 그의 가

슴에 안기면, 그의 가슴은 그녀의 사랑을 확신한다. 그러면 마치 거대한 물줄기처럼 넘실거리며 거침없이 달려가는 사랑의 강물 때문에 모든 것을 고백하지 않을 수 없다.[5]

무려 설교 시간에 들려지던 본문이다. 이제 아내는 소유물이 아니라 '하나님의 선물'이요, '소중한 파트너'로 선포되고 해석되었다. 또한 부부는 재생산만이 아니라 성적 즐거움과 하나 됨의 신비를 느끼는 통로로 성을 긍정해도 된다고 주장했다. 이것이 개신교가 가르친 성 윤리였다.

개신교 성 윤리와 근현대 가족 윤리의 친화성

그런데 이러한 성 윤리는 근대 이후에 결혼과 결부된 '낭만적 사랑'의 윤리적 가치를 꼭 닮아 있다. 봉건제의 몰락과 함께 신분제도 허물어지고 결혼이 더는 '고정된 신분 유지'의 수단이 될 필요가 없어진 사회에서, 감정적으로 끌리는 사람과 연애를 하고 결혼으로 '골인'할 수 있다는 생각이 가능해졌다. 학자들은 '낭만적 사랑'(romantic love)의 원형을 12세기 궁정문화에서 찾는다. 물론 서양사의 경우이다. 하지만 우리나라 궁정이라고 다르지 않았다. 신분을 유지하기 위해 정략결혼을 해야 하던 시절, 어찌 감정까지 신분을 따라갈까. 하여 마음이 가는 사람과는 '낭만적으로' 사랑만 했다. '낭만적 사랑'은 몰래 하는 사랑이다. 들키면 위험하기에 더욱 간절했다. 목숨도 내어

5 라이큰, 김성웅 옮김, 『청교도-이 세상의 성자들』, 100.

놓을 수 있을 만큼의 상호 헌신이 있었다. 이 절절한 감정이 결혼이라는 '제도'와 함께 묶이게 된 것은 근현대사회에 와서이다. 독립적인 가정 경제를 감당할 수 있는 중산층 남자들이 많아진 사회, 더는 결혼 따로 감정 따로일 필요가 없는 사회에 와서야 비로소 낭만적 사랑의 '해피엔딩'은 결혼이 된 것이다.[6]

기독교가 주류 종교였던 서구권 사회가 근현대의 자유연애와 이에 기초한 결혼을 제도화할 무렵에 소환된 성경 본문들은 '감정'으로는 아가서요, '관계적 질서'로는 사도 바울이었다. 새로운 사회가 펼쳐졌으나 구성원의 대부분은 여전히 '결혼'이라는 제도를 삶의 필수적 과정으로 받아들이고 있던 시절의 이야기이다. 전근대 가부장제 한가운데를 살던 사도 바울은 무려 남편의 아내 사랑이 '교회를 위해 죽기까지 하신 그리스도'와 같아야 한다고 말하지 않았는가!(엡 5:25 참조) 아내를 소유물 정도로 여기던 전근대 가부장제를 뛰어넘었으니, 이것이야말로 계시가 아닌가!

그러나 남편과 아내의 관계를 그리스도와 교회로 비유한 사도 바울의 해석은 하나님이 창조하신 인간의 원형과 충돌한다. 하나님께서는 남자와 여자를 수직 위계가 아닌 '마주보며 돕는 자'로 지으셨기 때문이다.(창 2:18, 20 참조) 그리고 그 '도움'(에제르)은 상호관계 안에서 결정되는 것이지, 결코 제도적으로 결정되는 것이 아니다. 그러나 근현대사회

---

6 근현대 이성애적 핵가족의 제도적 기원과 사상적 계보학을 사회학적으로 잘 설명한 단행본으로는 크리스토퍼 래쉬의 『여성과 일상생활』(오정화 옮김, 서울: 문학과지성사, 2004), 울리히 벡과 엘리자베트 벡-게른샤임 부부의 『사랑은 지독한, 그러나 너무나 정상적인 혼란: 사랑, 결혼, 가족, 아이들의 새로운 미래를 향한 근원적 성찰』(서울: 새물결, 1999), 앤소니 기든스의 『현대 사회의 성, 사랑, 에로티시즘』(황정미·배은경 옮김, 서울: 새물결, 2003)이 있다.

한가운데를 살아간 개신교 지도자들은 여성의 도움을 가사와 육아로 제한하였다. 소명(calling)이라는 이름으로 말이다. 공교롭게도 이는 공적 생산 영역과 사적 핵가족 영역의 '칸막이화' 사회에서 꼭 필요한 사회적 성별 분업이었다. 즉 개신교가 근거를 마련해준 근현대 사회 남녀의 성 윤리는 재생산에 더하여 '즐겁고 행복한 연합'이라는 목적을 하나 더 추가하였으나, 결혼제도 안에서만 가능한 것으로 해석되었다는 것이다. 잘 작동하면 참으로 아름다운 성 윤리이나, 이 역시 제도적 응시가 반영된 성 이해였다는 점은 분명하다.

육체사회의 도래와
새로운 성(性)문화

그런데 우리는 바야흐로 '후기-근대'사회를 지나고 있다. 성 이해와 실천으로 말하자면 전근대, 근현대를 지나 매우 큰 제도적 변화를 겪고 있는 셈이다. 지금 우리가 사는 사회는 성(性)이 재생산은 물론 결혼과도 결부되어 있지 않은 사회이다. '요즘 것들'의 방탕함을 문제시하는 것으로는 해결이 나지 않는다는 말이다. 이것은 제도적 변화가 초래한 일이다. 앞서도 말했지만, 후기-근대는 가족을 가지기보다 개인으로 살아야 생존이 유리한 사회이다. 여성은 생존을 위하여 '남성의 보호' 아래 있을 필요가 없다. '탈성적 전문가 개인'의 사회라고 하지 않았나. 이제 성별은 문제되지 않는다. 직업을 가진 이는 누구나 자급자족이 가능한 사회인데, 직업 환경이 무한경쟁 시스템이다 보니 결혼은 그야말로 불리하기 짝이 없는 제도가 된 것이다. 교회마다 '청년부'의 상한선을 어디까지 두어야 하는지 골머리를 앓고 있을 만큼 비혼 신자의 연령이 올라가는 것은 이와 무관하지 않다. 최근에 '52세 이상 청년부'가 생겼다는 이야기를 들었다. 이들은 왜 '장년부'로 넘어가지 않는가? 아니 왜 넘어갈 수 없는가? 나이가 50대라도 생애사의 주된 경험을 혼자 사는 생활환경에서 진행했다면 결혼, 출산, 육아가 삶의 중요한 공동 경험인 '장년부'와는 공감도 소속감도 느낄 수 없기 때문이다. 하여 발빠르게 '싱글부'를 만드는 교회들이 등장했다. 이도 '미혼 싱글부'와 '다녀온 싱글부'가 따로 있다는 이야기도 들었다.

잘한 일이다. 세상을 따라가라는 말이 아니라 소위 '정상 가족'이라는 범주에 들지 않는 이들도 교회가 품어야 하는 '어린 양들'이라는 의미에서 하는 말이다. 이들의 의미 추구에 공감하고 이들이 소속감을 느낄 수 있는 공동체가 필요하다는 말이다. 이들의 삶의 선택 가운데 새로운 방식으로 공동체적 실험을 하게 해야지, 무조건 근현대 초·중기의 핵가족 제도로 이들을 편입시키려는 것은 영향력도 없거니와 하나님께서 원하시는 방식도 아니다. 성경을 찬찬히 읽어보라. 성경 속 신앙의 모범 인물 모두가 결혼을 하고 다 재생산을 한 것은 아니었다. 모두 '공동체를 가졌다는 것'은 공통분모이나 모두가 결혼 상태에 있지는 않았다. 우리 시절의 제도를 설명하기 위하여 성경 본문을 가져오는 것은 유의미한 일이지만, 그것을 절대화하여 오직 '결혼'만이 소명이라고 외치는 것은 결코 '성경적'이지 않다.

이런 시절이기에 성의 수행이 기존 윤리 안에서 답을 찾지 못하게 된 것이다. 더구나 20세기 말부터 드러나기 시작한 '육체사회'(somatic society)의 특성은 결혼, 재생산과 독립적인 성관계에 대한 윤리적 질문을 더더욱 절실하게 만들고 있다. 사회학자인 브라이언 터너(Bryan S. Turner)의 개념어인 '육체사회'는 생산 노동이나 재생산 기능이 현격하게 감소한 근현대제도의 후기 상태가 진행되면서 점차 몸의 기능이 '성행위'에 집중하게 된 사회를 의미한다. 이젠 몸으로 하는 주요한 행위는 '놀이'이다. 또한 소비자본주의 문화 속에서 몸의 활동은 대부분 소비적 형태를 띠게 마련이다. 그래서 이제는 몸의 응시도 바뀌었다. 육체노동을 잘할 것 같은 몸이나 애를 잘 낳을 것 같은 몸은 더는 경쟁력이 없다. '기꺼이 데이트 비용을 쓰고 싶은 몸', '성적 흥분과 만족감을 줄 수 있는 몸'이 새로운 경쟁력을 획득했다. 육감적인 몸매에 '착하다'는 도덕적 가치 판단의 언어를 사용하기 시작한 것도 이 시절에 와서이다. 따라서 시대를 잘 포착하는 대중문화는 〈어머님이 누구니〉(2015)라는 노래로 육체사회의 도래를 확증했다. 말 한 번 나누어보지 않은 사람, 전인격적으로 사귄 적도 없는 상대를 향하여 자신의 성적 취향인 '잘록한 허리'와 '풍만한 엉덩이'만으로 흥분의 소리를 지르고 심지어 어머님을 찬양하는 지경이다.

후기-근대인의 사랑은 압도적으로 '합류적 사랑'(confluent love)이다. 사회학자 앤소니 기든스(Anthony Giddens)가 이름 붙인 이 사랑의 종착지는 결혼이 아니다. 아니 실은 종착지 '따위'는 없다. 업적과 실적을 따라 경쟁적인 인생 경로를 살아가면서 우연히 '합류'하는 동안에만 하는 사랑이다. 이후 개인의 직업 이동과 삶의 선택에 불이익이 되거나, 혹은 '케미'(화학반응과도 같은 끌림)가 사라지면 언제나 다시 제 갈 길을 가는 사랑이다.[7] 이런 시절 한가운데를 살아가는 그리스도인 청년들에게

---

7 근현대 초·중기의 전형적 사랑인 '낭만적 사랑'이 신분제와 가산제의 붕괴로 인해 촉발되었다면, 후기-근대적 사랑인 '합류적 사랑'은 남녀 모두 전문성에 기반한 직장생활이 일상이 되면서 이동성이 빈번해진 반면, 부부가 함께 이동하는 것이 어려워진 생활환경을 반영한다. 특히 자녀 수의 급감은 이런 생활환경의 변화와

전근대나 근대적 제도에 기반한 '결혼'과 '재생산'에 입각한 성 윤리를 제시하니, 그들은 늘 '죄 짓고 눈물로 회개하는' 일상을 반복하게 되는 것이 아닐까? 젊은이들의 성행위에 면죄부를 주고자 함이 아니다. 성경 읽기는 경줄을 잡아야 하지만 언제나 우리가 살아가는 제도 안에서 위줄을 짜며 진행해야 한다고 했다. 그렇다면 제도적으로 육체문화 속 합류적 사랑을 조장하는 이 시점에서 우리는 어떤 경줄을 잡고 우리의 위줄을 다시 짜야 하는 것일까?

응시의 윤리,
관계적 시선

결혼, 재생산과 분리된 성관계가 가능하다는 여지를 주는 것만으로 사람들은 나의 윤리관을 의심한다. 과연 기독교 사회윤리학자가 맞는가? 소비사회 한가운데서 성(性)도 소비하고 살라는 이야기를 한다고 '착각'하기 때문이리라. 그러나 성경 본문에서 내가 잡은 경줄은 무시무시하다. '무려' 예수님의 산상수훈이다. 예수께서는 이렇게 말씀하셨다.

> 또 간음하지 말라 하였다는 것을 너희가 들었으나 나는 너희에게 이르노니 음욕을 품고 여자를 보는 자마다 마음에 이미 간음하였느니라 만일 네 오른 눈이 너로 실족하게 하거든 빼어 내버리라 네 백

무관하지 않다. 앤소니 기든스, 배은경·황정미 옮김, 『현대사회의 성·사랑·에로티시즘』, 107-12 참조.

체 중 하나가 없어지고 온 몸이 지옥에 던져지지 않는 것이 유익하며 또한 만일 네 오른손이 너로 실족하게 하거든 찍어 내버리라 네 백체 중 하나가 없어지고 온 몸이 지옥에 던져지지 않는 것이 유익하니라(마 5:27-30)

분명히 성경에 쓰인 엄중한 신앙 원칙이요 윤리 명령이다. 사도 바울은 율법의 기능을 오직 '몽학 선생'과도 같이 우리가 도달하지 못함을 깨닫게 하고 우리가 죄인임을 드러낸다고 하였지만, 예수께서는 분명히 율법의 말씀은 다 지켜져야 한다고 하셨다. 이를 지키지 못하는 자의 죄에 대해서는 통회하는 마음과 돌이킴이 구원에 이르는 길이라고 말씀하신 것이지, 이 명령을 지키지 않아도 된다는 이야기가 아니다. 오른 눈은 왜 빼내고 오른손은 왜 찍어내야 할까? 하나님의 나라에 들어가기 위함이다. 하나님의 천국 백성이 되기 위함이다. 이것을 누가 지킬 수 있냐고 지레 포기할 일이 아니다. 그것을 지킬 수 있는 마음과 영성을 간구할 일이다.

이는 명백히 하나님으로부터 온 계시이기 때문이다. '어떤' 여성은 성적 대상으로 응시해도 된다고 제도적으로 허용하던 전근대 시절에, 간음은 결혼관계 바깥의 일이라고 설명되던 시절에 예수께서는 더 토를 달지 않으셨다. 아내나 창녀의 구분도 하지 않으셨다. 인격이 있고 자율성이 있는 인간인 여성을 성적 대상으로 바라본다면, 그 마음조차 이미 '간음'이라고 규정하셨다. 그런 마음에서 행여 눈과 손이 범죄하게 된다면, 이를 찍어 내어버리는 결단까지 감행하면서 '응시의 윤리'를 지켜내라고 말씀하신 것이다.

"아, 21세기 육체문화 속에서 우리가 새로 짜야 하는 성 윤리는 '금욕'

인가요?" 천만의 말씀이다. 상대를 성적 도구화하지 말라는 말씀이지, 어디 성관계를 하지 말라고 금하셨나? 간음이란, 즉 바람직하지 못한 성관계란 상호 합의가 없는, 전인격적 만남이 없는, 분절되고 도구화되어 소비되는 몸으로 대하는 그 모든 것이라는 말씀이다. '여성'을 그리 대하지 말라 하셨으나, 그 시절 여성이 성적 도구화되는 성이었음을 고려한다면, 오늘날에는 '모든 인간'으로 확대 해석해야 한다. 바울이 '형제 여러분'이라고 불렀다고 해서 '자매'가 제외되는 것은 아닌 것처럼 말이다.

그럼 성관계는 언제, 누구와 해야 하나? 특강에서 이런 주장을 하고 나면 꼭 와서 묻는 젊은이들이 있다. 그것을 왜 나에게 묻나? 그건 서로 사랑하는 두 사람이 함께 묻고 책임 있게 대답할 일이다. 하나님의 거룩한 처소가 되는 몸을 가진 두 인격체가 마주보고서 말이다. 그래도 답을 찾기 힘들어하는 친구들이 많아, 나는 두 파트너가 함께 물어야 하는 다섯 가지 질문을 제시하곤 한다.

첫째, 자율성과 주체성을 가진 개인들 간의 성적 연합에서 '자기 결정권'이 상호적으로 이루어졌는가?

둘째, 둘의 성 경험은 각자의 인격과 정체성, 자기 존중감을 지속적으로 증진시키는 힘으로 작용하는가?

셋째, 둘의 사랑은 제3자의 인권이나 감정, 존재 방식에 피해를 끼치거나 억압적 상황을 만드는 방식으로 작용하는가?

넷째, 둘의 사랑은 그 사랑의 힘으로 자기들만이 아닌 이웃과 세상을 향한 참여적 능력으로 흘러나가는가?

다섯째, 결과적으로 둘의 사랑은 '하나님의 형상'된 모습으로 주께 영광이 되는 결과를 가져오는가?

이 다섯 가지 질문을 둘이 마주앉아 진지하게 물어보라고 하면 대부분 돌아오는 답은 이러하다. "교수님, 이건 성욕 감퇴용 질문인 걸요?" 글쎄, 새로운 종류의 억압과 금지인지도 모르겠다. 그러나 답은 사랑하는 두 사람 '사이'에 있다. 그리고 성은 둘이 함께하는 '거룩한 공동체적 능력'이기에 기도와 간구로 묻고 답을 찾아나가는 것이 맞다고 본다. 상호 헌신과 성장, 나눔이라는 기독교적 가치가 성성 안에서 충분히 실현되고 있는지를…. 제대로 살아낸다면 언제나 공동체 안에서 대안이 되어온 교회가 사는 방식은 그리스도인들의 성 윤리 안에서도 체현되어야 한다고 믿는다.

18

기술혁명 시대에 하나님의 형상으로 사는 법

안락한 삶을 추구하는 것이야 사람들 대부분이 지향하는 바이다. 하여 생각을 현실로 만들어낼 수 있는 창조성을 부여받은 인간은 이 지향성과 능력을 십분 발휘하여 문명적 발전을 이루어왔다. 걸어가 버튼을 누르는 것보다 더 편리한 삶을 위해 '리모트 컨트롤러'를 만들었고, 그도 귀찮았는지 이제는 인공지능을 접목해 말을 알아듣고 명령을 수행하게 한다. 최첨단 기계들은 단순히 요청하는 음악이나 영상을 틀어주고 꺼주는 기능만이 아니라 사용자의 취향이나 패턴도 기억해두었다가 학습된 데이터로 서비스를 최적화한다.

바야흐로 4차 산업혁명의 시절이다. 산업혁명은 무생물 동력자원으로 움직이는 세상을 약속했다. 인간이 만든 첫 번째 무생물 동력자원은 '증기'였다. 석탄에 물만 있으면 군소리 없이 달리는 기차 덕분에 근대 초기의 생산성은 급진적으로 도약했다. 두 번째 무생물 동력자원은 '전기'였다. 힘과 범위 모든 면에서 증기에 댈 것이 아니었다. 이어 컴퓨터와 더불어 도래한 3차 산업혁명은 지식과 정보의 양만 늘린 것이 아니라 실시간으로 수많은 사람들이 접속, 교류할 수 있는 '정보혁명'을 이루었다. 그리고 드디어 4차! 이 과학혁명은 심지어 '생각하는 기계'를 출현시켰다.[8]

"이제 궂은일은 기계에 맡기고 사람은 생각만 하고 살아도 되겠구나!" 무생물 동력자원을 개발하던 근대 초기에 사람들은 낙관적인 산업사회의 미래를 그렸다. 그런데 과학기술의 네 번째 혁명은 생각도 기계가 대신할 수 있는 세상을 만들었다. '인공지능'이란 빅데이터를 모으고 분석하여 가장 효율적이고 생산적인 판단을 하게 하는 시스템 기술인데, 이것은 지금까지 인간의 두뇌가 하던 일이었다. 인공지능이 생각을 하게 된다면, 이제 인간은 무엇을 해야 하나? 생각까지 기계에게 양도한 새 시대는 보다 인간적인 삶을 향유할 수 있는 유토피아를 약속할까? 아니면 인간 소외와 통제가 더욱 심화된 디스토피아로 전개될까? 무엇보다 기계가 생각을 가져가버린 세상에서 인간의 생각은 기계의 생각과 어떻게 다를까? 즉 인간은 어떤 방식으로 '여전히' 인간일 수 있을까? 이런 질문을 하는 것이 그다지 이른 시점은 아닌 듯하다.

과학기술이 초래한 '위험사회'

독일의 사회학자 울리히 벡(Ülich Beck)은 후기-근대사회의 특징을 분석하며 과학기술의 발달이 존재론적 위험

---

8 '4차 산업혁명'이라는 말을 최초로 사용한 세계경제포럼의 창립자이자 회장인 클라우스 슈밥(Klaus Schwab)이 같은 제목의 책 『제4차 산업혁명』에서 구분한 산업혁명의 단계적 특징이다. (송경진 옮김, 서울: 새로운현재, 2016, 25 참조)

을 생산하고 있다고 경고한 바 있다. 살면서 당하는 위험이야 과학기술이 발전되기 이전인들 어찌 없었으랴. 동굴에서 잠을 자고 기지개를 켜며 나오던 선사시대 사람도 곰이나 호랑이를 만날 '위험'은 늘 있었을 것이다. 고대나 중세인의 삶 또한 그리 녹록지는 않았다. 법보다 신분과 주먹이 먼저인 세상이라 억울하게 당할 '위험'이 도처에 있었다. 그러나 벡이 말하는 후기-근대 과학기술이 만들어내는 위험은 이전 위험과는 차원이 다르다. 비가시적이고 비예측적이며 전 지구적으로 영향력을 미칠 수 있는 가공할 만한 힘을 가지고 있기 때문이다.[9]

원자력을 동력으로 사용하면서 발생하는 방사능의 위험을 예로 들어보자. 무색무취의 친환경 동력자원이라고 전문가 집단의 분석에 기댄 홍보가 울려 퍼지지만, 다른 한쪽에서는 같은 과학지식을 가진 전문가들이 반대의견을 내놓으며 대립한다. 누가 옳은가? 과학기술 문명이 만들어낸 위험은 즉각적으로 판단하기 어려운 매우 '전문적'인 것들이 많아서 일반인들은 쏟아지는 정보 속에서 길을 잃기 쉽다. 하긴 알아도 속수무책이다. 원자력을 무기화하면 어떤 일이 발생할까? 이미 히로시마나 체르노빌 사례를 통해 가공할 만할 위험을 보았거니와, 지금은 그 위력이 더욱 '업그레이드' 되었단다. 핵무기가 폭발할 때의 고열은 태양 중심부 온도의 4-5배에 해당하는 열이라는데 그 뜨거움은 인간이 견딜 수 있는 정도가 아니다. 온 존재를 다 녹여버리는 위력 앞에서 도대체 인간이 생존을 위해 할 수 있는 일은 없어 보인다. 어쩌면 살아남는 것이 더 큰 재앙일지도 모른다. 피폭자들이 대를 이어 전달하는 방사능 피해는

---

9 울리히 벡, 홍성태 옮김, 『위험사회, 새로운 근대(성)을 향하여』(서울: 새물결, 1997), 특히 1장 "부의 분배 논리와 위험의 분배 논리" 부분을 참조하라.

고스란히 후손들의 고통이 되어버린다. 문제는 이런 거대한 위험 앞에서 대부분의 사람은 이를 피할 방도도 막을 힘도 없다는 것이다.

드론의 무기화는 또 어떤가? 수년 전 유엔(UN) 인권위원회에서 호주의 한 드론 전문가가 드론 무기화를 막아야 한다고 주장하는 동영상을 본 적이 있다. 매우 인상적이었다. 손바닥 안에 쏙 들어오는 소형 드론을 가지고 나온 교수는 그 드론에 정교한 설정값을 넣었노라고 자랑했다. 그 설정값에 따라 폭약을 실은 드론이 정확하게 목표물인 인형의 머리를 격파하는 모습을 보며 청중은 박수를 쳤다. 필시 무기화된 드론은 적을 향해서만 날아갈 것이라고 생각했기 때문이리라. 그러나 발표자는 이내 "다른 설정값을 넣었고 그 기준을 알려주지 않겠다."라고 하면서 청중을 향해 드론을 던졌다. 모두가 극도의 공포감에 비명까지 지르며 몸을 숙였다. 물론 그것은 '퍼포먼스'였다. 하지만 알려지지 않은 그리고 피할 수 없는 위험 앞에서 인간이 얼마나 무력하고 두려움에 빠지는지를 모두가 직접 경험한 현장이었다.

그렇다. '설정값'이라는 것은 민주적이지 않다. 이를 결정할 수 있는 사람은 과학기술 권력을 가진 사람과 소수의 정치, 경제적 국제 엘리트 정도일 테니까. 그들의 시각과 결정에 따라 다수의 인간이 '제거되어야 할 쓰레기'로 분류될 수도 있다는 말이다. 너무 비관적으로 들리는가? 그렇다면 인류 문명사를 뒤돌아보라. 생산수단의 발전이나 노동력의 확보와 인간 삶의 질이 어떻게 연관이 있었는지. 도구적 의사결정의 대부분을 인공지능 로봇이 대체할 수 있게 된다면 '설정값'을 부여하는 자리에 있는 소수의 인간은 어떤 상상과 결정을 하게 될지, 생각하면 끔찍한 일이다.

아직은 낯설게 들리겠지만 신재생기술인 '인공자궁/태반 기술'도 사람으로 살고자 하는 우리가 우려해야 하는 과학기술 분야 중 하나이다. '인공자궁/태반'이란 태아를 엄마의 자궁이 아닌 인공적인 환경에서 키우는 기술적 장치를 의미한다. 최근 20년간 급격한 진전을 보여 2004년에는 우리나라에서도 동물을 대상으로 한 인공자궁/태반 기술이 개발되었고, 2017년 영국은 인공 자궁내막을 만드는 데 성공했다. 최근 미국에서는 여성 자궁의 구성요소를 모두 갖춘 인공자궁을 3D프린팅 기술로 만들어내며 이 기술의 상용화 시점을 더욱 앞당겼다. 초극소 체중의 조산아나 선천성 기형을 가지고 있어서 산전에 수술을 감행해야 하는 태아의 경우라면 인공자궁/태반 기술만이 유일한 생존환경일 것이다. 그러나 이 기술이 과연 생존이 위급한 태아에만 한정되어 사용될 것인지는 불명확하다. 유전공학의 발달과 더불어 '디자인 베이비'가 우생학적 측면에서 실험되고 있는 이 시점에, 이러한 과학기술이 더 경쟁력 있고 아름답고 똑똑한 아이를 갖고자 하는 부모 혹은 사회의 열망과 만날 때 어떤 문제들을 양산할 것인지 심히 우려된다. 더구나 외부에서 관찰, 관계가 용이해지는 인공자궁/태반에서 자라나는 생명을 향해서는 언제든지 생명 변형이나 중지와 같은 개입이 가능해지기 때문에, 이러한 기술적 발달은 태아의 '생명권' 문제에서 심각한 윤리적 논란을 야기하게 될 것이다.

한마디로, 생각하는 인간(호모 사피엔스)의 '생각'이 이전에는 없던 과학기술의 발전을 가져오고 있으며, 이것이 결과적으로 다수의 생존과 존엄한 삶을 위협할 상황에 놓여 있다는 말이다. 최근의 과학기술 문명은 '강화된 인간'보다 더한 상상력을 현실로 가져오고자 욕망한다. 바로 '영생'이다. 인간이 영생한다는 것은 어떤 상태를 의미하는 것일까? 대부분은 개별 자아의 기억을 가지고 있는 개체가 어떤 형태로든 지속 가능해야 '영생'이라고 생각할 것이다. 그런데 만약 이런 일이 '개인의 기억 데이터'를 모두 저장한 칩과, 감촉이나 재질 등 현실적 인간과 너무나 닮은 인공육체 혹은 유전자 복제육체의 결합 속에서 이루어진다면 우리는 이 '생각하고 움직이는 물체'를 어찌 받아들여야 할까? 인공육체나 복제육체를 계속 갈아치우면서 축적되는 기억 데이터를 유지하는 방식으로 사는 것을 과연 인간의 삶이라 할 수 있을까? 우리는 어느 순간에 그리고 어느 순간까지 인간이고 인간일 수 있을까?

생명의 호흡을 가진 생령으로서의 인간

뭐든 제대로, 철저하게 물으려면 처음으로 돌아가야 하는 법이다. 신앙인인 우리에겐 <창세기>가 그 '처음'이다. "여호와 하나님이 땅의 흙으로 사람을 지으시고 생기를 그 코에 불어넣으시니 사람이 생령이 되니라."(창 2:7) 여기서 '생기'로 언급된 히브리어 원어는 '니쉬마트 하임'이다. '생명의 호흡'이라는 뜻이다. 즉 하나님께서 사람을 지으시고 생명의 호흡을 불어넣으시니 비로소 '생령'이 되었다는 것이다. '생령'은 '네페쉬 하야', 살아 있는 존재(생명체)이다. 즉 흙으로 만들든, 실리콘으로 만들든 질료만 가지고 생령이 되는 것이 아니라는 신앙고백이다. 기억장치를 삽입하고 고도의 유전자 복제 기술로 유기체를 만들어서 그 몸체가 행여 살아 있는 듯 움직여도, 그 자체로 생령은 아니라는 말이다. 하나님의 '니쉬마트 하임'이 존재 안으로 들어와야 비로소 '네페쉬 하야', 즉 생명체가 된다.

창세기 본문에 따르면 사람만 '살아 있는 존재'인 것은 아니다. 동물

역시 '네페쉬 하야'라고 부른다. "여호와 하나님이 흙으로 각종 들짐승과 공중의 각종 새를 지으시고 아담이 무엇이라고 부르나 보시려고 그것들을 그에게도 이끌어 가시니 아담이 각 생물을 부르는 것이 곧 그 이름이 되었더라."(19절) 이때 '생물'이라고 번역된 단어도 히브리어로는 같은 말이다. 이렇게 보면 동물을 대하는 인간의 근본적인 태도 자체도 달라져야 할 것 같다. 우리는 살아 숨 쉬는 존재로서 하나님으로부터 기원한 '생명의 호흡'을 함께 가지고 있으므로.

하지만 같은 '니쉬마트 하임'을 받은 존재라고 해도 동물과 인간이 하나님의 생기를 받아 행동하는 데에는 근본적인 차이가 있다. '기억'과 '생각'의 차이라고 할까. 옛날 일을 기억한다고 해서 그것이 곧 생각은 아니다. 동물도 학대받은 기억, 행복했던 기억을 가지고 있다. 특히나 포유류가 기억 능력을 가지고 있음은 굳이 뇌 과학자가 아니어도 '경험적'으로 안다. 그러나 생각은 기억과 다르다. 생각에는 성찰과 선택이 포함되기 때문이다. 폴 틸리히는 동물을 '유한한 운명'(finite destiny)이라고 불렀는데 매우 적절한 개념어라고 본다. 하나님의 생기가 들어가서 생명체가 된 존재이지만 동물은 자신의 생명을 자연법칙에 따라 운명적으로 이어가기에 자기 안에 들어와 있는 하나님의 생기와 갈등하지 않는다. 하지만 자유의지를 가진 인간은 하나님의 생기를 내 안에 받아들여 사는 동안 자기만의 '필터링'(filtering)을 통해 선택을 한다. 거부도 선택이다. 이것이 '생각'이다.

따라서 생각은 기존 정보를 데이터화하여 가장 효율적이고 적절한 결과를 도출하는 인공지능의 처리방식과는 근본적으로 다르다. 생기(生氣)는 '기존' 데이터가 아니기 때문이다. 생기는 태초부터 있었던 그리고 지금도 끊임없이 움직이는 '생명의 호흡'이다. 생각은 나의 것이지만 생기는 하나님의 것이다. 생각은 내 안에서 생성되는 것이지만 생기는 외부에서 내 안으로 들어오는 것이다. 존재의 흐름이다. "너 왜 그렇게 생기가 없니?" "새내기들이 생기발랄해서 참 좋네요." 기(氣)를 언급하면 무슨 사이비나 타종교 사상을 들여오는 듯 경계하는 신자들이 있지만, 하나님께서 세상을 창조하시기 이전부터 수면 위를 운행하고 있던 생명의 기운은 하나님의 영에 대한 지극히 '성경적'인 신앙고백이다. 기독교 신앙이 체계화되고 교리화하는 과정 중에 영육 이원론적인 '이교적' 사상이 결합되어 그렇지, 사실 성경은 처음부터 영과 육을 따로 떼어 생각하지 않았다. 어쩌면 우리가 구별해야 하는 것은 영과 육이 아닐지도 모른다. 생기를 깨달아 동행하는 삶과 그렇지 못한 삶을 구별하는 것이 중요하다. 우리의 생각이 하나님의 생기와 만나 선한 선택을 할 수 있도록 '영성'을 길러내는 것이 중요하다.

너와 나,
하나님의 형상으로 사는
공동체적 인간

물론 인간이 항상 옳은 생각만 하는 것은 아니다. 틸리히의 개념어로 '유한한 자유'(finite freedom)인 인간은 창조 질서를 '벗어날' 자유를 가졌으나 그 자유가 유한하기 때문이다. 아기에게 들린 칼보다야 덜 위험하겠지만, 완전하지 못한 인간에게 주어진 자유는 언제나 잘못된 선택을 향해 열려 있다. 생기를 받은 생령 중에서 유일하게 생각이라는 것을 할 수 있는 인간이 유한하다면['무한한 자유'(infinite freedom)이신 하나님과 달리], 이것은 참으로 위험한 일이다.[10]

문명사를 돌아보아도 그 사례들이 즐비하고 우리 시대의 과학기술 또한 예외가 아니다.

어쩌면 바로 그 유한성 때문에 하나님께서는 사람을 둘로 나누어 마주 보게 하신 것이 아닐까? 만물을 창조하시고 "좋다, 좋다!" 감탄하신 하나님께서 유독 '로 토브'(좋지 못하다.)라고 하신 지점이 바로 '아담이 독처하는 것'이었다. 히브리어 아담은 '사람'이다. 남자와 여자로 분화하기 이전의 존재이다. 따라서 이 본문은 '남자가 혼자 있는 것이 좋지 못하다.'로 해석되어서는 안 된다. 오히려 앞뒤 맥락을 살펴 뜻을 풀어, 앞장에서 나는 '사람의 답이 하나인 것이 좋지 못하다.'라고 해석했다. 유한자의 '제한된' 답이 하나라면, 그런 인간이 만들 문명은 전체주의요 바벨탑이 될 것이 뻔하기 때문이다. 제한된 자유로 제 안에서 받은 생명의 호흡과 씨름한 자신의 '영성'을 세상에 내어놓으며, 서로가 내어놓은 영성 안에서 하나님의 '생명의 호흡'의 형상을 드러내는 것, 그것이 인간으로 사는 삶이다.

이웃 안에서 하나님의 호흡을 보지 못하고 독불장군처럼 자신의 유한한 영성을 절대화하려는 사람도 '하나님의 형상'이 되지 못하는데, 하물며 기억장치나 설정값으로 움직이는 물체(동체)를 어찌 '네페쉬 하야'라고 할 수 있겠나? 우리는 기억장치나 설정값으로 움직이는 인공지능, 유전공학적 동체의 개발을 저지할 힘은 가지고 있지 못하다. 그러나 적어도 생명체의 공동 기반이요, 서로의 영성 안에서 늘 새롭게 만나고 나

---

10 정리하면 틸리히의 용어로 하나님은 '무한한 자유'(infinite freedom), 인간은 '유한한 자유'(finite freedom), 동물은 '유한한 운명'(finite destiny)이다. 자세한 신학적 논의는 그의 『조직신학』 2권(유장환 옮김, 서울: 한들출판사, 2003) "존재와 신", 특히 3장 "존재와 유한성" 부분을 참조하라.

누어지는 '생명의 호흡'을 공유하는 '사귐'은 이어갈 수 있다. 나의 편견, 아집을 넘어서 언제나 보편을 향해, 진리를 향해 나아가도록 우리의 존재 안으로 끊임없이 들어오는 '생명의 호흡'을 함께 나누는 이 사귐이야말로, 과학기술 혁명 시대에 우리가 인간으로, '하나님의 형상'으로 살아가기 위해 가장 절실한 능력이요 실천이라고 생각한다. 그리고 이 사귐은 결코 한 사람의 답이 공동체를 지배하는 방식으로 진행될 수 없다. 본회퍼는 우리가 '하나님의 형상'으로 살아내는 데 있어서 꼭 기억해야 할 원칙을 이렇게 말했다.

> 그리스도교적 사귐 자체보다 그리스도교적 사귐에 대한 자신의 꿈을 더 사랑하는 사람은, 비록 그가 인격적이고 정직하게, 또한 매우 진지하고 희생적으로 사귐을 생각할지라도, 결국 그리스도적 사귐을 파괴하는 사람이 됩니다. 하나님은 꿈 같은 생각을 미워하십니다. 그 이유는 그것이 사람을 교만하고 건방지게 만들기 때문입니다. 그리스도교적인 사귐에 대한 어떤 형상을 꿈꾸는 사람은 그 꿈의 성취를 하나님과 타인과 자기 자신에게 요구하게 됩니다. 그는 요구하는 자로서 그리스도인의 사귐 속에 들어가 자기 자신의 법을 세우고는, 그것에 따라 형제자매와 하나님을 심판합니다. 그는 형제자매 사이에서 다른 모든 사람을 비난하듯이 완고하게 서 있습니다.[11]

11 디트리히 본회퍼, 문익환 옮김, 『신도의 공동생활』(서울: 대한기독교서회, 1964), 31-32.

‘사이’, 그 자리는 하나님의 자리이다. ‘생명의 호흡’으로 우리를 생명체로 만드시고 여전히 우리와 함께 움직이시는 신의 영역이다. 그래서 본회퍼는 인간의 윤리가 ‘형성의 윤리’여야 한다고 했다. ‘하나님의 형상’은 한 사람이 독점할 수 없기에, 우리가 교회로 살면서 삶을 통해 형성해 가야 한다는 뜻이다. 적어도 우리는 이렇게 사람으로 살아낼 수 있다. 그리고 이 힘은 곧 닥칠 미래에 우리가 ‘사람’으로서 선택과 결단을 해야 할 순간에 살리는 힘으로 작동할 것이다. 이것이 믿음이다. 그 어느 때보다 이 믿음이 절실한 시절이다.

백소영

이화여자대학교와 동 대학원에서 기독교학/기독교사회윤리학을 전공(B.A., M.A.)하고, 미국 보스턴대학교 신과대학에서 기독교사회윤리학/비교신학으로 박사학위(Th.D.)를 받았다. 이화여자대학교 이화인문과학원 HK연구교수, 이화여자대학교 기독교학과 초빙교수(2016)를 거쳐 현재는 강남대학교 기독교학과 교수로 재직 중이다.

『우리의 사랑이 義롭기 위하여』(2005), 『엄마 되기, 아프거나 미치거나』(2009), 개정판 『엄마 되기, 힐링과 킬링 사이』(2013, 한국출판문화산업진흥원 우수콘텐츠 전자책 제작지원 도서), 『드라마틱: 예수와 함께 보는 드라마』(2010), 『잉여의 시선에서 본 공공성의 인문학』(책임저자, 2011), 『인터뷰 on 예수』(2011), 『세상을 욕망하는 경건한 신자들』(2013, 문화체육관광부 우수교양도서), 『교회를 교회되게』(2014), 『사회적 영성: 세월호 이후에도 '삶'은 가능한가』(공저, 2014), 『왜 눈 떠야 할까: 신앙을 축제로 이끄는 열여섯 마당』(공저, 2015), 『삶, 그 은총의 바다』(2016), 『버리지 마라, 생명이다』(2017), 『드라마 속 윤, 리』(2017), 『페미니즘과 기독교의 맥락들』(2018, 세종우수교양도서), 『적당맘 재능맘』(2019), 『혐오와 한국교회』(2020, 공저) 등 다수의 저서가 있다.

대학 강단만이 아니라 저서 주제를 중심으로 한 대중특강 및 북콘서트, 그리고 〈CBS 크리스천 나우〉, 〈C스토리〉, 〈CBS 성경사랑방〉, 〈CBS 아카데미, 숲〉, 〈CGN 크리스천의 문화 읽기〉, ＜CBS 유튜브 콘텐츠 '잘 믿고 잘 사는 법'＞, 개인 유튜브 채널 ＜So Young한 인문신학＞ 등 매체를 통해 기독교적 세계관과 공동체 윤리의 대중화에 힘쓰고 있다.